현지인이 직접 전하는

# 미국 생활 INFO

## Special thanks to

사랑… 은 제가 살아가는 이유입니다.
제가 사랑할 수 있게 그 자리에 머물러 있어준 가족과 친구들에게 감사드립니다.
스승이신 박동준 님께 특별한 감사를 드립니다.

— 김수진

이 타향에서 당당하게 살아가는 힘을 주시는 나의 하느님과 부모님께 감사드립니다.
이 책을 쓸 수 있게 항상 나를 격려해준 내 친구 소영에게 특별한 감사를 드립니다.
책을 쓰는 데 도움을 주신 신동훈, Mary와 Jon Manier, Becky Master에게도 감사드립니다.

— 민현정

이 책의 모든 영어는 안소영 님이 검토해주셨습니다(언어교육학 박사).
이 책의 모든 의학 관련 내용은 민은정 님이 검토해주셨습니다(Nurse Practitioner).
이 책의 모든 자동차 관련 내용은 정도회 님이 검토해주셨습니다(기계공학 박사).

현지인이 직접 전하는
# 미국 생활 INFO

초판 1쇄 발행 : 2010년 1월 30일
초판 2쇄 발행 : 2014년 12월 20일

지은이 : 민현정 · 김수진
펴낸이 : 박연
펴낸곳 : 도서출판 한결미디어
등록일자 : 2006년 7월 24일
등록번호 : 제 313-2006-000152호
주소 : 서울 마포구 모래내로 83 한올빌딩 6층
대표전화 : 02 · 704 · 3331
팩스 : 02 · 704 · 3360
ISBN  978-89-93151-22-0   03940

현지인이 직접 전하는
## 미국생활
# INFO

글·사진 민현정 김수진

한결미디어
HANGYEOL MEDIA

## 이 책의 활용에 앞서

• 다 아는 사실이겠지만, 미국의 공식 이름은 United State of America입니다. 50개의 주가 모여서 한 나라를 이루었다는 의미가 상당히 큽니다. 미국은 지방 자치제가 뚜렷하기 때문에, 주마다 법이 다르므로, 책의 내용이 여러분이 사는 주의 법과 다를수도 있습니다.

• 책에 소개된 어떠한 상호, 상표도 작가와는 전혀 이해관계가 없고 일반적인 소비자의 견해로서 독자의 편리를 위해 소개한 것입니다.

• 제시된 모든 샘플 양식은 책을 위해 임의로 작성한 것입니다. 이를 현실적인 가격비교의 근거로 삼을수 없습니다.

*prologue*

## 용기 있는 자만이 누릴 수 있다
## 그 아름다운 세상

'떠남'은 도전이다.

내 삶에 대해서⋯ 이 세상을 향해서⋯ 떠남으로써 도전은 시작된다.

이 책을 집어들어 펼쳐보고 있다면 이미 당신도 그 도전장을 내려고 하는 사람들 중 한 명일 터⋯.

도전에 앞선 준비야말로 떠남을 의미 있는 도전으로 만들어줄 것이다.


십수 년 전 미국행 비행기를 타던 내겐 이렇다 할 준비가 미처 되어 있지 못했다. 당시에는 유학생을 위한 간단한 가이드북 몇 권과 필수 영어 회화, 알음알음으로 얻어들은 귀동냥 정보 몇 가지, 이 정도가 준비할 수 있는 전부였다.

어쩔 수 없이 굳게 먹어야 했던 맘만 믿고 용기 내어 올랐던 미국행 비행기⋯. 기내에서 작성해야 했던 신고서 몇 가지에도 벌써 쩔쩔매기 시작했다. 그간 배운 영어가 대체 몇 년인데⋯ 자괴감으로 머리를 쥐어박고 싶었던 그때⋯ 그때는 몰랐다. 단지 영어만의 문제가 아니라는 것을⋯.


남편은 바빴고 이웃에 신세 지는 건 싫었던 초기 미국 생활.

엉성한 지식과 어눌한 영어로 세상과 마주서야 했던 그 시간들 속에서 난 주눅이 들어 있었다.

그것은 영어의 문제라기보다는 영어를 쓰는 사람들과 영어로 살아가야 할 현실에 미리부터 겁을 먹은 두려움의 문제였다. 당당하려 했던 건 마음뿐 현실적으로 준비가 되어 있지 않았던 나는 입 꼭 다물고 만청을 피우는 것으로 두려움을 외면하고 싶었던 것이다.

그러나 그게 외면하는 것으로 해결될 문제이던가….

이 책을 써야겠다고 마음먹게 된 이유가 바로 거기에 있다.

두려움을 갖기 시작하면 사물의 본모습은 제대로 보이지 않는다. 그럼에도 불구하고 처음 낯선 곳에 발을 딛게 되면 사람들은 저도 모르게 두려움을 느끼는 게 보통이다. 그 두려움을 없애려면 어떻게 해야 좋을까?

그 답은 미리 준비를 하는 데서 찾을 수 있다. 언어뿐만 아니라 앞으로 펼쳐질 갖가지 상황들을 예측해보는 시간을 가져봐야 한다. 미국에 도착해서 집을 구하고 은행 어카운트를 열고 자동차를 사고… 등등. 가능한 한 많은 정보를 수집하고 접해봄으로써 앞으로 일어날 상황에 대한 이해력과 대처 능력을 길러놓아야 한다.이렇게 해서 닥치게 될 일들에 대해 편안하게 접근할 수 있는 유연성이 생기고 나면 영어가 유창하지 않더라도 두려움은 어느 정도 극복될 수 있다. 탄탄하게 준비된 과목은 은근히 그 시험이 기다려지는 것과 같지 않을까? 미국 생활도 그 시작을 열기 전, 탄탄하게 준비해서 자신있는 시험을 치르는 아이처럼 당당하게 부딪쳐보기를 바라는 마음이다

미국으로 떠나가기 전의 그 두려운 마음을 안다. 유학을 앞둔 학생들과 그 가족들, 아이의 조기 유학 뒷바라지를 위해 따라가는 기러기 엄마들, 해외 주재원으로 떠나는 가족들, 잠시 비지팅으로 미국을 방문하는 가족들, 이민으로 고국을 떠나는 가족들에 이르기까지 낯선 곳에서 새로이 둥지를 틀어야 하는 그 어려움을 미리 겪은 자로서 충분히 알고 있다.

이 책은 그러한 분들을 위한 가이드북으로 썼다.

참고서 형태로 하나하나 자세하게 설명하고 실제 상황에서 즉시 활용할수 있는 단어와 예문을 곁들여 현지에서 가장 가까이할 수 있는 책이 되도록 애썼다. 실수와 낭패를 거듭해본 두 저자가, 언제든 상황에 따라 펼쳐보기만 하면 실수 없이 원하는 바를 성취할 수 있도록 십수 년간 쌓아온 경험과 실수를 모두 통틀어 넣은 셈이다.

이제 이 책을 어떻게 활용할지는 완전히 당신 몫이다.

어떻게든… 미약하게든, 홀륭하게든 시간은 지나가고 있고 우리 모두는 앞으로 나아간다. 기왕에 나아갈 길이라면 그 길이 넘어지는 길이 되지 말고 씩씩하게 앞장서 가는 길이 되면 좋지 않을까? 용기를 내자!

내가 나서지 않으면 아무것도 거저 주어지지 않는 곳…. 그곳으로 나설 당신에게, 이 책이 자신감 충전기로서의 역할을 다해내기를 빌며 뒤에 올 후배들만큼은 꼼꼼하게 준비하고 당당하게 맞서서 로마에 간 로마인이 되기를 바라본다.

용기 있는 자만이 미인을 얻는다고? 이렇게 바꿔본다.

용기 있는 자만이 누릴 수 있다… 그 아름다운 세상….

2010년

김수진 · 민현정

contents

현지인이 직접 전하는
**미국 생활 INFO** | 차례 |

살던 곳을 떠나 새로운 곳으로 옮겨 가는 마음속엔 한가득 부푼 꿈이 가슴을 설레게 한다. 그러나 그 속을 비집고 들어오는 불안 한 가닥… 그건 새로운 세계에 대한 불안과 두려움…. 누구나 새로운 발걸음을 할 때에는 불안을 안고 시작하지만 그에 대한 대비만 철저히 한다면 그리 어려울 것도 없다. 두려움이 큰 만큼 준비도 철저히… 그다음엔 나를 믿고 떠나보는 거다.

탑승 수속

# 출국에서 도착까지

Detroit 공항내

공항에 도착하면 실감이 난다. 이제 떠나는구나…
짐을 부치고 눈물의 이별을 하고… 따로 떨어져 다른 세상으로
나아가는 첫걸음….
이젠 당당히… 혼자서도 씩씩해야 한다.

# OI
# 한국을 떠나기 전에

## •• VISA 신청

주한 미국 대사관 비이민 비자과를 방문하면 매우 상세한 정보를 얻을 수 있다.

★ http://korean.seoul.usembassy.gov/non-immigrant_visas.html

## •• 항공권 예약하기

항공권은 2~3개월 전에 미리 예약을 마치는 것이 안전하다. 더욱이 출국 시기가 성수기와 맞물려 있다면 급하게 항공권을 구하는 일이 쉽지 않다.

 Word

이민(자)
**immigrant**

**immigration**
이민, 이주, (공항 등의)
출입국 관리 입국 심사

비행기
**airplane, plane, flight**

항공사
**airline**

항공권
**(airplane) ticket**

비행기 승무원
**crew**
: 미국에서는 객실 내 승
무원을 스튜어드나 스
튜어디스라고 하기보다
는 flight attendance
라고 한다.

이사
**moving**

큐빅미터
**CBM**

## ∵ 이삿짐 보내기

**❶ 해외 이삿짐 센터를 이용해 가구나 기타 짐을 보내는 방법**
비용이 좀 들기는 하지만, 필요한 모든 짐을 보낼 수 있다.

**❷ 우체국에서 배편으로 보내는 방법**
적은 짐을 비교적 저렴하게 보낼 수 있지만, 박스 크기가 제한되어
있어 부피가 큰 짐은 보낼 수 없다.

**❸ 이민 가방 2개에 기본 물품만 넣어 들고 가는 방법**

**❹ 운송 비용**
해외 이사는 해상 운송을 통해서 이루어지기 때문에 중량에 상관없
이 부피에 따라 가격이 책정된다.
보통 3CBM(1CBM=가로1m×세로1m×높이1m)를 기본으로 하고
1CBM씩 추가 비용을 계산한다.

**❺ 운송 시간**
**미주 서부** : 14∼20일
**미주 동부, 중부** : 25∼30일

## ⑥ 무엇을 부칠까

### 1) 가구

빨리 자리 잡고 안정된 생활을 하고 싶다면 쓰던 물건을 부치는 것도 좋은 방법이다. 침대, 소파, 식탁, 교자상(너무 크지 않은 것), 주방 도구 등은 오자마자 유용하게 쓸 수 있는 필수 아이템이다.

### 2) 가전제품

렌털 하우스에는 냉장고, 가스 오븐이 기본으로 설치되어 있고 그 밖에 전자레인지, 식기세척기, 세탁기, 건조기 등도 설치된 곳이 많다. 미국에선 110v를 쓰므로 가전제품을 꼭 가져가고 싶다면 짐을 싸기 전에 전압을 반드시 확인한다. 미국에서 팔기는 하지만 변압기를 가져가면 좋다.

### 3) 당장 필요하지 않더라도 앞으로 쓸 각종 살림살이

### 4) 책

책은 무거워서 비행기로 가져가면 무게가 쉽게 초과된다. 책을 많이 가져갈 때는 이삿짐에 넣어 부친다. 큰 짐이 없을 때는 우체국에서 배편으로 부쳐도 된다. 4~6주 정도 걸린다.

벽장
**closet**

전자레인지
**microwave oven**
: 줄여서 microwave라고도 한다.

*Tip* 체류 기간이 짧을 경우에는 집을 사기보다는 렌트(rent)나 리스(lease)를 많이 이용하므로 가구를 많이 가져갈 필요는 없다. 벽장이나 캐비닛이 많아 수납을 위한 가구는 별로 필요 없다. 가구는 단기간 렌트, 리스할 수 있고(가격이 그리 싼 편은 아니다), 중고 시장도 활성화되어 있어 편리하게 구할 수 있다. 주재원이나 유학생들끼리는 물건을 서로 물려 쓰는 일이 흔하다.

해열제
**fever reducer**

진통제
**pain killer**

연고
**ointment**

소화제
**digestive**

감기약
**cold medicine**

반창고
**bandaid**

안경(도수 있는)
**prescription eye-glasses**

짐을 부치다
**claim the luggage**

## ∵ 무엇을 들고 갈까

현지 도착 후 적응하는 기간에 필요한 물품들은 다음과 같다.

### ❶ 비상 상비약

해열제, 진통제, 피부 연고제, 소화제, 종합 감기약, 반창고, 파스 등.

### ❷ 식료품

라면, 즉석 국, 밑반찬 캔, 멸치, 오징어, 마른미역, 건어물, 고춧가루, 고추장, 된장 등.

### ❸ 콘택트렌즈, 안경

한국보다 안경 가격이 비싸기도 하고 시력 검사서를 반드시 안과 의사에게서 받아야 하므로 다소 번거롭다. 보험 등 여러 가지 여건이 갖춰지기 전까지 사용할 수 있는 안경을 여벌로 준비해 가는 게 좋다.

### ❹ 의류

현지에 와서 1년가량 입어야 할 옷가지와 속옷, 남성 정장 등은 가져가는 것이 좋고 캐주얼 의류와 아동복, 신발 등은 유행도 빨리 바뀌고 가격도 저렴한 편이므로 현지에서 구입하는 것도 무방하다.

### ❺ 기타

전자 사전, 노트북 컴퓨터.

*Tip* 일반적으로 비행기에 부치는 짐은 개인당 2개씩이고 1개당 무게는 23킬로그램 (50파운드)까지이다. 무게가 초과하면 돈을 더 내야 하므로 처음부터 짐을 쌀 때 이를 고려한다. 또 미국 내에서 국내선을 갈아탈 경우, 짐 부치는 규정이 다를 수 있으니 항공권을 예약한 후 항공사 웹사이트에서 확인하도록 한다.

**미국 내 반입 금지 품목**
고기, 과일, 채소, 씨앗, 나무류(허가 없이 들여올 수 없다).

## ∙ 학생 구비 서류 번역 및 공증

본인이 유학을 가거나 동반 자녀를 미국의 학교에 보낼 때 서류는 원본 또는 학교장 직인이 날인되어 있어야 하며 영문 번역해 공증을 받는다.

- 재학증명서(certificate of studentship, enrollment record)
- 성적증명서(recent record card, most recent report card)
- 건강기록부(18세 미만 학생의 경우 School Health Record)
- 예방 접종 기록표(immunization records) : 병원장 사인이 필요하다. 한국과 미국은 기본 예방 접종의 종류가 다르고 미국 내에서도 주마다 꼭 해야 하는 예방 접종 종류에 차이가 있다. 따라서 정착할 주의 웹사이트를 통해 그 주에서 원하는 예방 접종을 한국에서 미리 마치고 오는 것이 편리하다.

★ 미국에서 요구하는 예방 접종을 알아볼 수 있는 사이트
http://www.cdc.gov/vaccines/programs/vfc/parents/default.htm : 주마다 다른 접종표는 이 사이트에 들어가서 밑부분에 있는 State Immunization Program Web Sites를 클릭하면 확인할 수 있다.

번역하다
**translate**

공증하다
**notarize**

학교 성적
**school records**

성적표
**record card,
grade reports,
report cards**

예방 접종
**immunization,
vaccination**

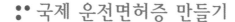
국제 운전면허증
**international driver's license**

## ∷ 국제 운전면허증 만들기

- 거주지 관할 운전면허 시험장에서 한다.
- **구비 서류** : 여권, 도장, 운전면허증, 수수료, 여권 사진 1매, 비자 또는 항공권, 주민등록등본 1통.
- 발급된 국제 운전면허 유효 기간은 1년이며, 해당국 영주권을 취득해 그 나라에 입국한 경우에는 입국일로부터 3~6개월 내에 현지 면허를 취득해야 한다.
- 국제 운전면허증이 있으면 미국 운전면허증을 발급받기 전에도 차를 빌리거나 살 수 있다(○ 자세한 내용은 167쪽 참조).
- **무사고 증명서 / 한국 보험 증명서** : 한국에서의 보험 가입 기록 또는 무사고 증명서를 발급받아 오면 보험료 할인 혜택을 주는 경우도 있다. 따라서 자동차 보험 회사에서 영문으로 증명서를 발급받는 것이 좋다.

*Tip*

**Marriage Certificate**
미국에는 결혼증명서라는 것이 있다. 보험 가입을 할 때 결혼한 부부임을 증명할 경우가 있는데 한국에는 딱히 이에 해당하는 증명서가 없다. 여권을 낼 때 부부의 이름이 들어갔다면 모르지만, 아닐 경우에는 등본을 공증해서 쓴다.

## ∷ 각종 은행 업무

### ❶ 해외 체재자 송금 등록

주재원이나 연수로 미국에 갈 경우 은행에서 해외 체재자 등록을 하면 송금 한도액도 높아지고, 환율 우대도 받을 수 있다. 여권, 비자, 소속 단체의 파견 증명 서류 등이 필요하므로 은행에 문의한 후 방문하는 것이 좋다.

❷ **인터넷 뱅킹**

미국 체류 기간 동안 국내 은행을 통해 처리해야 할 업무가 있다면
이를 개설해놓고 출발한다.

❸ **한국 크레디트 카드**

결제를 카드로 하지 않더라도 렌터카를 이용하거나 전기 또는 전화
등을 신청할 때 크레디트 카드 번호를 요구하는 경우가 있으므로 소
지하고 있다면 가져가는 것이 좋다.

❹ **영문 은행 잔고 증명**

미국에서 신용 점수가 전혀 없기 때문에, 아파트 등의 렌트비를 낼
경제적 여유가 있다는 것을 증명할 수 있다.

❺ **환전**

많은 금액을 환전할 경우에는 현금과 여행자 수표로 나눠 환전하는
편이 유리하다.

★ 외환은행 환율표 http://www.keb.co.kr/IBS/welcome.jsp

## •• 병역/병무 신고

병역 의무자가 국외를 여행하거나 체재하고자 할 때는 병무청에 국외
여행 허가를 받고 출국 당일 법무부 출입국에서 출국 심사 시 국외 여
행 허가 증명서를 제출해야 한다. 국외 여행 허가 증명서에 대한 자세
한 사항은 병무청 홈페이지를 참고한다.

★ 병무청 홈페이지 www.mma.go.kr

여행자 수표
**traveler's check**
: 큰 액수의 여행자 수표
  는 미국 상점에서 쓰기
  불편하므로 은행에서
  바꾸거나 입금해 넣어
  두고 쓴다.

# 현금 cash 은 얼마나 들고 갈까

은행 구좌를 개설할 때까지는 공항에 내린 후 집까지의 택시비부터 집을 렌트할 때 내는 보증금(deposit), 차량 구입비, 운전면허 시험 신청료 등등 크고 작은 일에 현금이 필요하다. 얼마가 필요하다고 잘라 말하기는 어렵지만, 가장 큰 지출인 월세와 자동차 구입비 정도는 대략적인 가격이라도 미리 알아보고 가는 것이 좋겠다.

★ 아파트 렌트 – www.rent.com
★ 차량 구입 – www.edmunds.com

그 밖에 자동차 보험료, utility 신청 시 보증금, 살림살이 구입비 등도 염두에 두자.

# 한국 이름 영어로 쓰기

한국어 이름을 영어로 옮길 때 조금은 신중을 기할 필요가 있다. 여권을 만들거나 여러 가지 문서를 작성할 때는 동일한 이름 스펠이 들어가야 한다. 한번 정하면 나중에 바꾸기 어려우므로 처음부터 신경을 쓰는 것이 좋다. 특히 아이들이 학교에서 가장 많이 받는 놀림거리 중 하나가 이름에 관한 것이니만큼 아이들 이름은 신중하게 결정해야 한다.

일례로, 정씨는 young으로 읽히거나 junk라고 놀림 받을 소지가 있는 Jung보다는 Cheong으로 표기해주는 게 좋다. 이름도 마찬가지이다. 예를 들어 예린이라는 이름을 영어로 적을 때 보통은 Yerin 또는 Yeorin이라고 표기하기 쉬운데 원어민

J는 많은 알파벳을 쓰는 다른 언어에서 소리가 나지 않아서 Jung이라고 해도 '영'이라고 읽기도 한다. 아이는 어리다는 것(young)을 별로 좋아하지 않으니 참고한다.

들이 이를 읽을 때는 urine(소변)과 흡사한 소리로 들리는 경우가 많다.

| 한국 성 | 영어 표기 | 미국인이 받아들이는 소리 | 제안 |
|---|---|---|---|
| 강 | Gang | 깡패 | Kang |
| 박 | Bark | 개가 짖다 | Park |
| 신 | Sin | 죄 | Shin |
| 정 | Jung | 쓰레기(junk) | Cheong |

# 전화로 영어 스펠 말하기

미국행 서류를 준비하다 보면 전화로 이름이나 주소를 불러줘야 하는 경우가 생긴다. 그런데 보통 전화로는 B인지 V인지 P인지 또는 D인지 T인지가 불분명하게 들릴 수 있다. 이때 자신의 의사를 정확하게 전달하려면 as in의 표현을 쓴다.

예) BADA라는 스펠을 말할 경우 B as in Bob, A, D as in David, A

A, E, I, O, U 등의 모음은 잘 들리는 편이므로 거의 문제가 없지만 자음의 경우는 이렇게 따로따로 집어서 말해주는 게 실수를 줄이는 좋은 방법이다.

# 운전에 관하여

미국에서 보호자 없이 운전할 수 있는 나이는 16세이다. 지나치게 어리다는 느낌이 없지 않지만 미국에 살다 보면 그 이유를 이해할 수 있다. 그만큼 미국에서는 운전이 절대적으로 필요한 생활 수단의 하나이기 때문이다.

　　뉴욕에서는 지하철로 어디든지 갈 수 있다고 하나 그 밖의 도시에서는 자동차 없이 산다는 게 거의 불가능하다고 볼 수 있다. 물론 시티 버스가 있긴 하지만 한국과 같은 버스 노선을 기대했다가는 큰 낭패를 보게 된다. 운전을 못해서 집에만 갇혀 있다든지 이웃에게 피해를 줄 정도로 운전을 부탁하지 않으려면 한국에서 미리 운전을 익혀두는 것이 좋다.

미국에서는 한국의 주민등록증과 같은 것이 없기 때문에 일반적으로 운전면허증이 신분증으로 쓰인다.
사진이 있는 신분증(Picture ID)을 보여달라고 할 때 보통 운전면허증을 보여준다.

## 영어에 관하여

간단한 표현조차도 남의 도움을 받아야 한다면 그 누구보다 본인 자신의 삶이 힘들 것이다. 미국 생활을 조금 더 편하게 시작하고 싶다면 기본적인 단어와 문장들은 익혀두는 것이 좋다. 반드시 유창할 필요는 없다. 더듬거리면 어떤가. 발음이 나빠도 괜찮다. 내 생각을 내 입으로 전달하겠다는 의지, 그 의지가 당신의 삶을 바꾼다.

## 각종 표기법

미국은 미터법을 쓰지 않기 때문에 각종 단위가 한국과 다르다.

• **나이** : 만으로 계산하다.

• 날짜 : 월/일/년도 순으로 쓴다.

월의 처음 세 알파벳을 써서, 일(day)과의 혼동을 막기도 한다.

> 예)　　Jul. 4. 2009(2009년 7월 4일)

생년월일은 약자로 D.O.B.(date of birth)로 표기하기도 한다.

• 통화 : 달러($), 센트(¢). $25.99(twenty five dollars ninty nine cents). 단위를 생략하고 twenty five ninty nine이라고만 말하기도 한다.

• 길이 : 마일(1 mile = 1.6km), 야드(1 yard = 91cm), 피트(1 feet = 30.5cm), 인치 (1 inch = 2.54cm)

• 무게 : 파운드(1 lbs = 453g), 온스(1 oz = 28.3g)

• (액체의) 부피 : 갤런(1 gallon = 37.8litter)

• 넓이 : 평방피트(1 square feet = 0.09제곱미터 = 0.028평), 평방야드, 평방마일 등

• 온도 : 화씨 온도(Fahrenheit) = 9/5 × 섭씨 온도 + 32

섭씨 0도 = 화씨 32도

• '해당란에 표시하시오' 할 때 한국에서는 보통 ○표를 하는데 미국에서는 보통 ×표를 한다(V 표를 해도 된다).

> 예)　　상업용 물품을 소지하고 있음.
> 예( ) 아니요( ○ ) ◉ 한국에서
> I have commercial merchandise.
> yes( ) No( × ) ◉ 미국에서

• 미국에서는 도장을 쓰지 않고 서명(사인)을 한다.

서명란은 × _____ 이렇게 표기되어 있고, 선 위에 서명을 하면 된다.

# 미국의 50개 주와 약자

| | | |
|---|---|---|
| Alabama ❍ AL | Maryland ❍ MD | Rhode Island ❍ RI |
| Alaska ❍ AK | Massachusetts ❍ MA | South Carolina ❍ SC |
| Arizona ❍ AZ | Michigan ❍ MI | South Dakota ❍ SD |
| Arkansas ❍ AR | Minnesota ❍ MN | Tennessee ❍ TN |
| California ❍ CA | Mississippi ❍ MS | Texas ❍ TX |
| Colorado ❍ CO | Missouri ❍ MO | Utah ❍ UT |
| Connecticut ❍ CT | Montana ❍ MT | Vermont ❍ VT |
| Delaware ❍ DE | Nebraska ❍ NE | Virginia ❍ VI |
| Florida ❍ FL | Nevada ❍ NV | Washington ❍ WA |
| Georgia ❍ GA | New Hampshire ❍ NH | West Virginia ❍ WV |
| Hawaii ❍ HI | New Jersey ❍ NJ | Wisconsin ❍ WI |
| Idaho ❍ ID | New Mexico ❍ NM | Wyoming ❍ WY |
| Illinois ❍ IL | New York ❍ NY | |
| Indiana ❍ IN | North Carolina ❍ NC | |
| Iowa ❍ IA | North Dakota ❍ ND | |
| Kansas ❍ KS | Ohio ❍ OH | |
| Kentucky ❍ KY | Oklahoma ❍ OK | |
| Louisiana ❍ LA | Oregon ❍ OR | |
| Maine ❍ ME | Pennsylvania ❍ PA | |

미국의 수도
**District of Columbia**
: Washington D.C. 또는
간단히 D.C.라고도 한다.

## O2
# 출국에서 임시 거처까지

## :• 임시 거처 정하기

Word

미국에 도착해서 거처가 정해질 때까지 잠시 머물 곳을 미리 정해놓고 출발한다.

**airport code**

: 모든 공항은 세 자리 알파벳 코드가 있다. 인천 국제공항은 ICN이다.

- 친지가 마중을 나오거나 잠시 친지의 집에서 머물 경우는 크게 준비할 것은 없지만, 가방이 몇 개인지 정도는 알려주는 것이 좋다.
- 호텔에서 머물 경우는 미리 예약을 하고, 공항에서 호텔까지 갈 교통편도 생각해둔다. 호텔이 공항에서 가까운 경우는 호텔 셔틀을 이용할 수 있지만, 먼 경우는 택시를 타든지 렌터카를 이용한다. 택시는 예약 없이 탈 수 있지만, 렌터카는 떠나기 전 인터넷을 통해 예약하는 것이 좋다. 도착한 공항에 들어와 있는 렌터카 회사를 이용하는 것이 편하다.

★ 미국 공항 검색 www.visitingdc.com/maps/airport-map.asp

• 인터넷 지도를 검색해 공항에서 숙소까지 가는 길을 미리 알아두면 도움이 된다.

★ http://maps.google.com
http://maps.yahoo.com
www.mapquest.com

• 어린아이를 동반할 경우, 반드시 카시트에 앉혀야 하기 때문에 마중 나오는 사람에게 이를 미리 알려주어야 하고, 렌터카를 이용할 경우 역시 카시트를 빌려야 한다(◑ 자세한 내용은 153~154쪽 참조).

*Tip*

미국의 대도시에는 국제공항이 하나 이상일 수도 있으니, 공항을 검색할 때 정확한 이름을 알아야 나중에 착오가 없다. 예를 들어 시카고에는 O'hare와 Midway 두 곳이 있지만, 한국에서 가는 비행기는 보통 O'hare에서 내린다.

## 출국 및 기내

- 공항에는 3~4시간 전에 도착하는 것이 여유롭다.
- 여권 및 비자, 비행기표, 비자 발급과 관련한 각종 서류 등을 챙긴다. 좀 과하다 싶을 정도로 여러 가지를 챙겨두는 것이 편리하다.
- 탑승 수속(탑승권 발부와 짐 부치기) ― 보안 검색 ― 출국 심사
- 출국 신고서와 공항세가 폐지되어 탑승 절차가 간편해졌다.

  ★ 인천국제공항 웹사이트 http://www.airport.kr

- 9·11테러 이후 미국행 비행기에 액체 반입이 제한되었기 때문에 비행기안에 들고 타는 짐에 주의를 요한다. 개당 3.4온스(100ml)를 넘지 않아야 하고, 3개 이상 소지할 수 없고, 투명한 지퍼백에 넣어야 한다. 로션, 화장수, 립스틱, 샴푸 등도 이 조건에 해당된다.
- 탑승권을 받으면 출발 게이트를 잘 알아둔다. 탑승권에 적힌 게이트 번호가 중간에 바뀌기도 하니, 공항 내의 스크린을 보며 체크한다.
- 기내에서 출입국 신고서와 세관 신고서를 작성한다. 한국 항공사일 경우는 한국어로 된 양식도 있고 승무원이 도와주기도 하지만, 외국 항공사일 경우는 별다른 도움을 못 받을 수도 있다(◐ 28~29쪽 참조).

## 미국 공항에서

- 입국 심사 ― 짐 찾기 ― 세관 신고대 순으로 진행된다.
- 최종 기착지가 아니더라도 미국에 들어오는 모든 사람은 처음 도착한 공항에서 입국 심사를 받아야 한다.

**Word**

탑승권
**boarding pass**

(비행기, 기차, 배)에 타다
**board**
: 탑승 게이트 앞에서 탑승을 시작하면, 스크린에 on board라는 사인이 나온다.

기내에 들고 타는 가방
**carry-on baggage**

**I-94**
: 미국의 출입국 신고서는 간단히 I-94(아이나인티포)라고 부른다.

# DEPARTMENT OF HOMELAND SECURITY
U.S. Customs and Border Protection

OMB No. 1651-0111

### Welcome to the United States
### I-94 Arrival/Departure Record
### Instructions

This form must be completed by all persons except U.S. Citizens, returning resident aliens, aliens with immigrant visas, and Canadian Citizens visiting or in transit.

Type or print legibly with pen in ALL CAPITAL LETTERS. Use English. Do not write on the back of this form.

This form is in two parts. Please complete both the Arrival Record (Items 1 through 17) and the Departure Record (Items 18 through 21).

When all items are completed, present this form to the CBP Officer.

Item 9 - If you are entering the United States by land, enter LAND in this space. If you are entering the United States by ship, enter SEA in this space.

5 U.S.C. § 552a(e)(3) Privacy Act Notice: Information collected on this form is required by Title 8 of the U.S. Code, including the INA (8 U.S.C. 1103, 1187), and 8 CFR 235.1, 264, and 1235.1. The purposes for this collection are to give the terms of admission and document the arrival and departure of nonimmigrant aliens to the U.S. The information solicited on this form may be made available to other government agencies for law enforcement purposes or to assist DHS in determining your admissibility. All nonimmigrant aliens seeking admission to the U.S., unless otherwise exempted, must provide this information. Failure to provide this information may deny you entry to the United States and result in your removal.

CBP Form I-94 (05/08)

출입국 신고서

## Arrival Record

OMB No. 1651-0111

Admission Number

**133189935 · 22**

1. Family Name (성-한 칸에 한 자씩)
KIM

2. First (Given) Name
이름

3. Birth Date (DD/MM/YY)
날짜 월 년도 (생년월일)

4. Country of Citizenship
국적 - 한국

5. Sex (Male or Female)
성별 (M 또는 F)

6. Passport Issue Date (DD/MM/YY)
여권 발급일

7. Passport Expiration Date (DD/MM/YY)
여권 만료일

8. Passport Number
여권 번호

9. Airline and Flight Number
비행기 편명

10. Country Where You Live
거주국가

11. Country Where You Boarded
출발 도시

12. City Where Visa Was Issued
미국 비자를 발급받은 도시

13. Date Issued (DD/MM/YY)
비자 발급일

14. Address While in the United States (Number and Street)
미국 내의 주소 (번지 수와 길 이름)

15. City and State
도시, 주

16. Telephone Number in the U.S. Where You Can be Reached
미국 내 연락가능한 전화번호

17. Email Address
이메일 주소

CBP Form I-94 (05/08)

# DEPARTMENT OF HOMELAND SECURITY
U.S. Customs and Border Protection

OMB No. 1651-0111

## Departure Record

Admission Number

**133189935 · 22**

18. Family Name
성

19. First (Given) Name
이름

20. Birth Date (DD/MM/YY)
생년월일

21. Country of Citizenship
국적

CBP Form I-94 (05/08)

See Other Side

STAPLE HERE

10. 사업이 이번 여행의 주목적임
   – 예/아니요

11. 본인(우리)은 다음의 물품을 휴대하고 있음

   (a) 과일, 채소, 식물, 씨앗, 식품, 곤충 – 예/아니요

   (b) 육류, 동물, 동물 / 야생동물 제품 – 예/아니요

   (c) 병원체, 세포 배양물, 달팽이 – 예/아니요

   (d) 흙, 농장/목장/목초지를 다녀온 적 있음 – 예/아니요

12. 본인(우리)은 가축을 만지거나 다루는 등 가까이 지낸 일이 있음 – 예/아니요

13. 미화 1만 달러 이상 혹은 그에 상당한 외국 통화나 금전적 수단을 소지하고 있음(뒷면의 금전적 수단의 정의 참조) – 예/아니요

# 세관 신고서

**Customs Declaration**

19 CFR 122.27, 148.12, 148.13, 148.110,148.111, 1498; 31 CFR 5316

FORM APPROVED
OMB NO. 1651-0009

Each arriving traveler or responsible family member must provide the following information (only ONE written declaration per family is required):

1. Family **Name** 성
   First (Given) 이름    Middle 중간이름
2. **Birth date** Day 생년월일의 Month   Year
3. Number of **Family members** traveling with you 동반 가족수
4. (a) U.S. Street **Address** (hotel name/destination)
   미국내 주소
   (b) City    (c) State
5. **Passport issued by** (country) 여권 발행 국가
6. **Passport number** 여권 번호
7. Country of **Residence** 국적
8. **Countries visited** on this 이번 여행중 미국 도착전에 방문한 국가들
   trip prior to U.S. arrival
9. **Airline/Flight No.** or Vessel Name 탑승항공사/항공편번호
10. The primary purpose of this trip is **business**:   Yes   No
11. I am (We are) bringing
    (a) fruits, vegetables, plants, seeds, food, insects:   Yes   No
    (b) meats, animals, animal/wildlife products:   Yes   No
    (c) disease agents, cell cultures, snails:   Yes   No
    (d) soil or have been on a farm/ranch/pasture:   Yes   No
12. I have (We have) been in close proximity of
    (such as touching or handling) **livestock**:   Yes   No
13. I am (We are) carrying **currency or monetary instruments** over $10,000 U.S. or foreign equivalent:   Yes   No
    (see definition of monetary instruments on reverse)
14. I have (We have) **commercial merchandise**:   Yes   No
    (articles for sale, samples used for soliciting orders, or goods that are not considered personal effects)
15. **Residents** — the **total value of all goods**, including commerc__ merchandise I/we have purchased or acquired abroad, (includi__ gifts for someone else, but not items mailed to the U.S.) and am/ar__ bringing to the U.S. is:   $
    **Visitors** — the **total value of all articles** that will remain in the U.S., including commercial merchandise is:   $

Read the instructions on the back of this form. Space is provided to list all the items you must declare.

**I HAVE READ THE IMPORTANT INFORMATION ON THE REVERSE SIDE OF THIS FORM AND HAVE MADE A TRUTHFUL DECLARATION.**

**X**
(Signature)    Date (day/month/year)

For Official Use Only

CBP Form 6059B (10/07)

---

14. 상업용 물품을 가지고 있음(판매용 상품, 주문받기 위한 견본, 혹은 개인 용품으로 간 주되지 않는 물건) – 예/아니요
15. 미국 거주자 – 해외에서 구입 또는 취득 해(타인을 위한 선물은 포함하되 우편으로 미국에 보낸 것은 포함하지 않음) 미국에 가 져오는 모든 물품의 총 가격 $_____
    방문자 – 상업용 상품을 포함해 미국에 남겨두게 될 모든 물품의 총 가격 $_____

이 양식 뒷면의 설명문을 잘 읽으십시오. 반드 시 신고해야 하는 품목을 기입할 수 있는 공간 이 있습니다.

나는 이 양식의 뒷면에 있는 중요한 정보를 읽 었으며 사실대로 신고하였습니다.

×
_____
서명    날짜

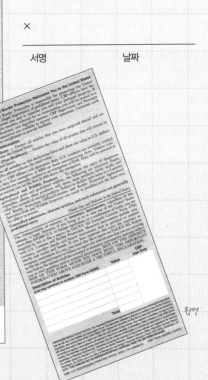

**입국 심사대**
**US immigration**

**세관 신고**
**customs declara-
tion**

**최종 기착지**
**final destination**

**환승(하다)**
**transfer**

**미국 시민**
**US citizen**

**영주권자**
**permanent resi-
dent**

**지문**
**finger print**

• **입국 심사** : 가족이 함께 받을 수 있다. 내국인과 외국인으로 나뉘어 줄을 선다. 여권과 비자, 출입국 신고서, 세관 신고서를 확인하고, 비자에 적혀 있더라도 입국 목적을 묻는 게 보통이다.

**What do you come to United States for?**
미국에 온 이유가 무엇입니까?

**Where are you going to stay?**
어디에서 머무를 예정입니까?

**How long are you going to stay?**
얼마 동안 머무를 예정입니까?

• **지문과 사진 촬영** : 스캐너에 왼손과 오른손 손가락을 차례로 올려놓고 지문을 찍고 사진을 찍는다. 한글로 설명되어 있으므로 그대로 따라 하면 된다.

• 여권에 도장을 찍고 입국 신고서의 하단 부분을 떼어 여권에 붙여준다. 이것은 미국에서 나갈 때 다시 공항에서 제출해야 하므로 스테이플러로 대충 붙어 있다고 마음대로 떼지 않도록 한다.

• **수하물 찾기** : 짐이 너무 많으면 포터의 도움을 받는다. 이때는 짐의 개수당 1~2달러 정도의 팁을 준다.

• **세관 신고대** : 혹자는 세관 신고서에 모두 없다고 쓰는 게 유리하다고 하고, 혹자는 그러다 걸리면 불이익이 더 크다는 등의 설이 많다. 운이 좋아 안 걸리면 다행이지만, 걸리면 미국 입국 첫 순간부터 완전히 기분이 망친다. (가족당) 현금을 1만 달러 이상 가져왔을 때는 신고를 해야 하며 반입이 금지된 것은 아니지만 통과하는 데 시간이 걸린다. 안 된다는 것은 안 가져가는 것이 가장 좋다.

## ∷ 미국 국내선 환승

- 입국 심사 – 짐 찾기 – 세관 신고대를 통과한 후 국내 연결편 항공사의 체크인 카운터에 가서 새로 짐을 부쳐야 한다. 그러므로 환승 시간을 여유 있게 두는 것이 좋다.
- 미국 국내선의 탑승 게이트가 어디인지는 한국을 출발할 때 알 수 없기 때문에 도착한 공항에 있는 스크린을 보고 체크해야 한다. 미국 공항의 탑승 게이트는 곧잘 변경되곤 하니, 기다리는 동안 가끔씩 체크해보는 것이 좋다.

## ∷ 택시

뉴욕 등의 몇몇 대도시를 제외하고는 한국처럼 길에서 택시를 잡기가 힘들지만, 공항에는 대기 중인 택시를 이용하면 된다. 짐이 많을 경우는 밴(van)을 이용하는 편이 좋겠다. 택시 요금에 15% 정도의 팁을 주는 것이 일반적이다.

공항마다 택시 요금 사기를 방지하기 위해 줄 서 있으면 안내원이 행선지를 물으며 대충의 요금을 알려주기도 한다. 택시 앞좌석 뒷면에 평균적인 요율표가 붙어 있는 경우도 있다. 그러나 처음부터 너무 모르는 티를 내서 좋을 건 없다.

### Tip

**택시를 타면서…**
짐이 많거나 무거울 경우 공항 안내원 또는 택시 기사가 트렁크에 짐 싣는 일을 도와준다. 안내원이 도왔을 경우 팁을 주고, 택시 기사가 도왔을 경우에는 하차할 때 요금에 팁을 가산해주면 된다.

# 택시에서의 대화

Driver    Hello, Miss. Where to?

안녕하세요, 어디 가십니까?

Passenger    I'm going to Farmington Village. It's 1234 Fieldstone Drive.

파밍턴 빌리지의 필드스톤 1234번지요.

Driver    Is that on the west or east side of Farmington Village?

거기가 파밍턴 빌리지의 동쪽입니까, 서쪽입니까?

Passenger    I believe it's on the west end. It's behind the Civic Center on Central Avenue.

서쪽 같은데요. 센트럴 애버뉴에 있는 시민회관 뒤예요.

Driver    Okay. I'm going to take the local toll road because freeway traffic is heavy. Is that okay?

통행료를 받는 길로 가려고 합니다. 지금 고속도로는 많이 막혀서요. 괜찮으시겠습니까?

Passenger    Yes, whatever is faster and safer.

예, 아무 데나 빠르고 안전한 길로 가세요.

Driver    Great. Please put on your seatbelt. Thank you.

좋습니다. 안전벨트를 매주세요. 감사합니다.

Driver    We are in Farmington Village. I see the Civic Center ahead. Should I make a right at the light?

파밍턴 빌리지에 왔습니다. 저기 앞에 시민회관이 보입니다. 신호등에서 우회전할까요?

출국에서 임시 거처까지

**Passenger** Yes. Then, it's the 3rd house on the right.

네. 그리고 오른쪽 세 번째 집이에요.

★　　이쯤에서 미터기를 보고 요금을 계산한다. 택시 요금에 15% 정도의 팁과 유료 도로 통행료 그리고 짐을 실어줬을 경우 약 1~2달러를 추가해 계산한다. 현금으로 지급하거나 카드를 사용할 수도 있는데, 큰 지폐라서 잔돈이 많이 필요하거나(Do you have change for a hundred?) 카드로 계산할 경우(I will be using my credit card)에는 운전사에게 미리 얘기해두는 게 좋다.

**Driver** We are here at 1234 Fieldstone Drive.

필드스톤 1234번지입니다.

**Passenger** Thank you. Here you are. Can I have 40 back? And would you help me with my bags?

고마워요. (요금을 건네며) 여기요. 40달러만 거슬러주시겠어요?
그리고 짐 내리는 것 좀 도와주시겠어요?

★　　요금이 42달러 나왔다면, 팁으로 7달러, 가방 두 개 싣고 내려준 것 3달러, 통행료 6달러 하면 58달러가 된다. 100달러짜리를 내면서 거스름돈으로 40달러만 받고 나머지는 팁으로 기사분께 드리는 계산이다.

**Driver** Sure. Thank you very much.

그럼요. 감사합니다.

N.Y.C TAXI

미국에 오자마자 가장 먼저 가야 하는 곳 중 하나가 바로 은행이다. 개인 구좌를 개설하고 수표책을 받아야 미국살이가 본격적으로 시작된다. 각종 공과금도 내고 남에게 받은 check도 입금해야 하고, 한국에서 오는 학비도 받아야 하고…. 꼼꼼하게 읽어보고 가뿐하게 대응하자.

코메리카 은행

# 은행

은행의 ATM

CHASE

은행에서 오는 statement는 운전면허 신청 시
거주지 주소 증명으로도 유용하게 쓰인다.

BANCKING EDUCA

## OI
# 은행

● 　　　　미국에 오자마자 가장 먼저 해야 하는 일 중 하나가 은행 구좌를 개설하는 것이다. 각종 공과금을 보통은 개인 수표로 내야 하고, 남에게 받은 check도 입금해야 하고, 한국에서 학비도 받아야 하므로 꼭 필요한 일이다. 은행에서 오는 statement는 운전면허 신청 시 거주지 주소 증명으로도 유용하게 쓰인다.

## ∴ 한국과 다른 점

- 미국 은행에서는 공과금을 받지 않는다.
- 통장이 없다.
- 개인 수표를 쓴다.
- 수수료가 높다.
- 저축의 이자율이 낮다.
- 적금이 없다.

## ∴ 구좌의 종류

은행마다 상세 규정은 각기 다르지만, 가장 일반적인 이야기를 하면 다음과 같다.

### Word

은행 구좌
**bank account**

개인 수표
**personal check**

입금(하다)
**deposit**

인출(하다)
**withdraw**

공과금
**utility bill**

수수료
**fee, charge**

이자율
**interest rate**

현지인이 직접 전하는 미국 생활 INFO

잔고, 잔액
**balance**

잔액 조회
**balance check,
balance inquiry**

만료
**maturity**

원금
**principal**

지점
**branch**

❶ **Checking Account**
- 입출금이 자유로운 구좌로 마치 지갑과 같다.
- checking account로 개인 수표를 쓸 수 있다.
- 이자가 전혀 붙지 않거나 아주 조금 붙는다.
- 보통 월 수수료가 있다(수수료를 면제받는 조건이 따로 있다).
- 두 명 이상이 함께 한 구좌를 공유할 수 있다.

❷ **Savings Account**
- 입출금이 자유롭고, 이자가 붙는 저축예금이다.
- checking account에 비해 다른 규정이 있을 수 있다.

❸ **Money Market Account(MMA)**
- saving보다는 이자가 조금 많다.
- 월 입출금을 몇 번으로 제한한다든지 하는 규정이 있다.

❹ **CD(Certificate of Deposit)**
- 약정한 기간 동안 약정 금액을 맡기고 정해진 이자를 받는다.
- 기간이 만료되면(maturity) 원금과 이자를 받는다.

•• 은행의 선택

- 집, 직장, 학교 등에서 가까운 곳.
- 지점이 많은 곳.
- **수수료가 없거나 저렴한 곳** : 미국 은행의 수수료는 매우 다양하고 높다.

# :• 구좌 개설하기

- 처음에는 우선 가장 간단하고 편리한 checking account를 개설하자.
- 신분증과 처음 구좌에 넣을 약간의 돈(minimum balance 이상의 돈), 신청서만 있으면 된다.
- social number를 물어보기도 하지만 없어도 구좌를 개설할 수 있다
- 현금 카드(ATM card) 또는 직불 카드(check card)를 신청할지 결정한다.
- **비밀번호(PIN number)** : 구좌 신청서에 적지 않는다. 본인이 직접 기계에 원하는 번호를 누르는데, 이때 직원도 내가 누르는 번호를 보지 않는다. 번호를 누른 다음 OK 또는 ENTER를 누른다. 보통은 확실히 하기 위해 두 번 반복한다. 비밀번호를 잊어버리면 신분증을 가지고 은행에 가서 새 번호로 바꿔야 한다. 은행에 따라 임의로 정한 비밀번호가 집으로 배달되기도 하는데, 이 경우 나중에 본인이 기억하기 좋은 번호로 바꾸면 된다.
- **수표책 신청하기** : 외부에서 신청해도 되지만, 처음에는 번거로우니 구좌를 개설할 때 함께 신청하는 것이 간편하다. 수표책에는 이름, 주소, 전화번호, 구좌 번호, 은행 이름이 프린트되어 집으로 배달되는데, order한 수표책이 배달될 때까지 쓸 수 있도록 임시 수표책을 준다. 수표책은 신청할 때 일련번호를 무엇으로 시작할지 묻기도 한다. 맨 처음 수표책을 돈 받지 않고 order해주는 은행이 있고, 본인이 돈을 내고 order해야 하는 은행도 있다.
- internet banking을 할 것인지 결정한다. 나중에 신청해도 된다. 한국 같은 공인 인증 카드나 번호 등이 없다.

---

현금 카드
**ATM card**

직불 카드
**debit card,
check card**

비밀번호
**PIN number,
password**

**PIN**
: Personal
  Identification
  Number

수표책
**check book**

주문하다
**order**

39
은행

# 은행에서의 대화

## I'd like to open an account.
구좌를 개설하고 싶습니다.

## What kinds of accounts do you offer? / What options do you have?
어떤 종류의 구좌가 있습니까?

## What kinds of checking accounts do you offer?
checking account에는 어떤 종류가 있습니까?

## Do you have any brochure?
팸플릿 있습니까?

## Do I have to keep a minimum account balance? What is the minimum balance and how much is the monthly service charge?
이 구좌에 최저 잔고 보유액이 있습니까? 있으면 얼마이며 월 수수료는 얼마입니까?

## I'd like to open a joint account with my husband and I'll be the primary applicant / account holder.
남편과 공동 구좌를 개설하는데, 제가 예금주로 하겠습니다.

## Are there any other ways to avoid the monthly charge?
(최저 잔고 이하 시) 수수료를 면제할 다른 방법이 있습니까?

## Can I choose my personal pin number?
비밀번호를 내가 선택할수 있나요?

Are you going to mail the pin number to me? Can I change that number later?

비밀번호를 집으로 보냅니까? 나중에 내가 원하는 번호로 바꿀 수 있습니까?

Do I have to buy the checks?

체크는 사야 합니까?

How long will it take to get the checks I order today?

오늘 체크 주문하면 얼마나 걸립니까?

Are there any hidden fees?

(잘 모르는) 별도의 수수료가 있습니까?

Can you change this twenty dollar bill to singles? / Can I get some singles? / Can I get this in singles?

이 20달러짜리를 1달러짜리로 바꿔주시겠습니까? / 1달러짜리로 바꿔주시겠습니까?

I forgot my pin number. Can I set it up again? Here's my account number and ID.

ATM card의 비밀번호를 잊어버렸는데 다시 번호를 정할 수 있을까요? 여기 내 구좌 번호와 신분증이 있어요.

What is this $30.00 charge on my account?

내 구좌의 수수료 30달러는 무엇입니까?

※ 안내 책자 **brochure** / 요금(을 매기다) **charge** / 수위의, 첫째의 **primary** / 신청자, 지원자 **applicant** / 예금주 **account holder** / 잘 드러나지 않는 수수료 **hidden fee** / 1달러짜리 지폐 **single, one dollar bill**

현지인이 직접 전하는 미국 생활 INFO

**자기앞 수표**
**cashier's check**

## ⦂⦂ Personal Check

미국 와서 처음 해보는 것 중 하나가 바로 이 개인 수표 쓰기일 것이다. 수표 용지에 내가 끼적거린 금액이 돈의 효력을 발생하니까 처음엔 신기하기도 하고 좀 걱정스럽기도 하다. 내가 수표책에 써넣은 금액만큼 내 구좌에서 지불되고, 내가 받은 check를 내 구좌에 입금하면 현금화된다.

## ⦂⦂ Check의 쓰임

**공과금**
**utility bill**

• 렌트비나 각종 공과금 낼 때(한국처럼 은행에서 공과금을 안 받으므로 직접 가서 내든지 check를 써서 우편으로 보내야 한다).

**구매하다**
**buy, purchase**

• 상점에서 물건을 구입할 때.

• 우편으로 돈을 보낼 때나 받을 때.

**환불**
**refund**

• 환불을 받았을 때.

• 현금이 없을 때나 현금을 가지고 다니기 곤란할 때.

• 소지하기 위험한 큰 액수를 거래할 때 등등.

## ✷ Blank Check 공란의 수표

order한 check가 집에 배달될 때 이 상태로 책처럼 묶여서 온다.
여기까지가 check가 프린트되어 나온 상태이다.

본인의 이름/주소/전화번호.

은행 코드 번호인데, E의
번호와 관련이 있다.

내 check의 serial number.
이 번호는 G의 번호와 일치한다.

---

**SOOJIN KIM**
**MINAM HAN**
100 CENTRAL AVE. # 101
LOS ANGELES, CA 90027
213-123-4567        **A**

**B**
**101**
**C**   98-765/432

Date_____ 20 ____

**Pay to the order of** _____  $ [          ]

_____ **Dollars**

**D** American Bank
Los Angeles, CA 90027

For _____      _____

⟨ 043207653 ⟩   ⟨ 987654321 ⟩   ⟨ 00101 ⟩
**E**            **F**            **G**

---

bank routing number
(은행마다 갖는 고유 번호).

내 구좌의 account
number.

check serial number.

내 은행의 이름과 주소.
주소는 E의 번호만 있으
면 굳이 필요 없다.

# ⠿ Check 쓰기

- 전화 요금을 내보자. 전화 요금 명세서(telephone bill)가 집에 도착했다. 나의 전화 회사 고객 번호(이것도 account number라고 한다)는 213 123 4567 890이고, 내야 할 금액은 29달러 27 센트이다(◐ 공과금에 대해서는 103~108쪽 참조).

금액
지불할 금액을 알파벳으로 쓴다.

---

**SOOJIN KIM**
**MINAM HAN**
100 CENTRAL AVE. # 101
LOS ANGELES, CA 90027
213-123-4567

**Pay to the order of** _____ •*SBC phone*

•*Twenty Nine and*        *27/100*

American Bank
Los Angeles, CA 90027

•*Account #*
For *213 123 4567 890*

043207653        987654321

---

메모
메모 용도로 쓰는 난. 각 종 payment의 경우는 account number를 적는데, 혹시 고지서와 체크가 서로 분리되었을 경우, 신속하고 정확한 업무 처리를 위해 적는 편이 좋다.

내가 지불하고자 하는 상대편 이름
내가 지불하고자 하는 상대편의 이름을 적는다. 보통 명세서에 적혀 있다.
예) Please write a check to SBC phone company
개인에게 줄 때는 그 사람의 이름을 적는다(스펠에 주의-이름이 잘못되면 은행에서 지불하지 않는다).

44

한국인이 직접 전하는 미국 생활 INFO

날짜

미국에서는 월/일/년도로 쓰는 것
이 보편적이다. 이 날짜 이후에 내
account에서 지불이 가능함을 뜻
한다.
예) 오늘이 5월 1일인데, 돈은 5
월 5일 이후에 지불되길 원할 경우
5월 5일로 쓰면, 5월 5일 이전에
는 은행에 deposit해도 내 구좌에
서 지불이 되지 않는다.

금액
지불할 금액을 아라비아 숫자
로 쓴다.

**101**
98-765/432

Date *May 5* 20*09*

*company*                     $  29.27

_____ **Dollars**

*Soojin Kim*

00101

서명
본인의 사인을 한다.
이 사인은 구좌를 개
설할 때 은행에 제출
한 서류의 사인과 같
아야 한다.

### Word

**Picture ID**
사진이 붙어 있는 신분증
으로 여권이나 운전면허
증을 제시하면 된다.

입금 용지
**deposit slip,
deposit ticket**

부도 수표(반송된 수표)
**returned check,
bounced check**

- 이렇게 작성한 check와 bill에서 다시 보내야 하는 부분을 떼어 봉투에 넣고 발송한다.

- 상점에서 물건을 살 때도 check를 써서 지불할 수 있다. Pay to the order of 난에 그 상점의 상호를 쓰고 금액을 적은 다음 사인한다. 이때는 주인이 내 ID(신분증)를 확인해야 하니 상점에서 check를 쓸 때는 사진 있는 신분증이 필요하다.

- check를 우편으로 보낼 때는 상관없지만, 다른 주(state)의 주소가 적힌 check나 임시 check를 안 받는 상점도 있다.

## ∴ 받은 Check의 Deposit — 창구에서

남에게 check를 받았을 때, 내 구좌에 입금(deposit)해야 한다.
받은 check와 deposit slip/deposit ticket을 함께 입금한다. 이때 deposit한 check가 현금화되려면 며칠의 처리 기간이 필요하다.

*Tip*

### Returned Check/Bounced Check

내 구좌의 잔고가 모자라면 쓴 check의 금액을 지불할 수 없어 check가 되돌아오는데, 이를 check가 bounced(부도 수표)되었다고 한다. 이 경우 벌금을 내야 할 뿐 아니라 거래 신용에도 안 좋은 영향을 미칠 수 있다. 가끔 상점에 returned check/bounced check일 경우, 벌금 '얼마' 이런 식으로 써놓은 곳도 있다. 앞에서도 말했듯이 미국은 수수료, 벌금이 매우 높은 나라이다. 전화나 인터넷으로 편리하게 잔액을 조회할 수 있으니, check를 쓸 때는 잔액에 주의하도록 하자.

• 받은 check는 Pay to the order of 난에 내 이름이 적혀 있다.

**Katie Smith**                                        **1357**
100 Main St.                                            7-7/890
Los Angeles, CA 90005         Date  5 / 5 / 20 09
213-987-6543

Pay to the order of  *Soojin Kim*                $  241.00

     *Two Hundred Forty One and even*  _____ Dollars

ABC Bank
Santa Monica, CA 90401

For  _____          *Katie Smith*

072403473   12345689   01357

• 받은 check의 뒷면에 본인의 사인, 날짜와 은행 구좌 번호를 적는다.

ENDORSE HERE
X *Soojin Kim*
*Account #987654321*
DO NOT WRITE, STAMP OR SIGN BELOW THIS LINE
RESERVED FOR FINANCIAL INSTITUTE USE

47
은행

• deposit slip/deposit ticket은 매 check book 마지막에 서너 장씩 들어 있다.

## deposit slip/deposit ticket 쓰기

입금하는 날짜를 쓴다.

여기에는 deposit을 하면서 동시에 돈을 찾고 싶을 때만 사인을 한다(모든 출금에는 본인의 사인이 있어야 한다).

현금을 deposit할 경우 여기에 액수를 적는다.

check를 deposit할 경우 여기에 액수를 적는다.
• 받은 check의 은행 코드 번호가 있다(앞의 그림 blank check에서 C에 해당).
• 한꺼번에 여러 장의 check를 deposit할 때는 check마다 적힌 이 번호와 금액을 하나씩 쓰고, 앞장에 칸이 모자랄 경우에는 뒷장에 있는 난을 이용한다.

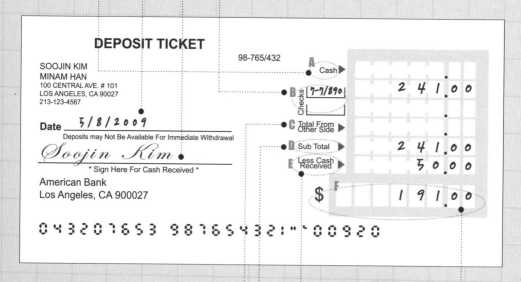

### DEPOSIT TICKET

98-765/432

SOOJIN KIM
MINAM HAN
100 CENTRAL AVE. # 101
LOS ANGELES, CA 90027
213-123-4567

Date  5/8/2009
Deposits may Not Be Available For Immediate Withdrawal

*Soojin Kim*
* Sign Here For Cash Received *

American Bank
Los Angeles, CA 900027

043207653 987654321:"'00920

A  Cash ▶
B  Checks 7-7/890 | 2 4 1 . 0 0
C  Total From Other Side ▶
D  Sub Total ▶ | 2 4 1 . 0 0
E  Less Cash Received ▶ | 5 0 . 0 0
F  $ | 1 9 1 . 0 0

뒷장에 적은 deposit의 합계를 적는다.

deposit하는 총 금액의 합계를 적는다(A+B+C).

deposit하면서 인출(withdraw)하고 싶을 때, 여기에 액수를 적는다(왼쪽의 사인란에 사인을 한다).

D에서 E를 제한 금액 (D-E).

## ∶∙ 지불 증명

가끔은 분명 payment를 보냈고 내 구좌에서 지불이 되었는데 상대방이 못 받았다고 할 때가 있다. 이때는 은행에 proof of payment를 요구할 수 있다. 그러면 내가 쓴 check에 은행이 돈을 지급했다는 도장이 찍힌 복사본을 받아볼 수 있으므로 분쟁을 쉽게 해결할 수 있다. 인터넷 뱅킹을 하고 있다면 인터넷에서 지불된 check의 이미지를 프린트할 수도 있다.

## ∶∙ Direct Payment

한국에서 하듯이, 각종 공과금이나 자동차 payment 등을 매달 check를 써서 보낼 필요 없이 내 구좌에서 직접 빠져나가게 할 수 있다. 이 경우에는 수수료가 있는지 꼭 확인하자.

## ∶∙ Direct Deposit

미국에서는 모든 봉급도 check로 받는데, 이 direct deposit을 해놓으면 한국에서처럼 직접 내 통장으로 봉급이 들어간다. 은행에 따라서는 direct deposit을 하면 약간의 혜택을 주기도 한다.

복사본
**photocopy**

## :• 현금 카드, 직불 카드, 체크 카드

**❶ ATM(Automated Teller Machine) Card / Debit Card**

- account를 open할 때 이 현금 카드를 만들 것인지도 물어본다.
- ATM으로 인출, 입금, 잔액 조회 등의 업무가 가능하다.
- 은행, 백화점이나 대형 쇼핑몰, 편의점 등에 ATM이 있다.
- debit card를 받는 상점(식료품점, 주유소 등)에서 쇼핑이 가능하다. check처럼 내 은행 구좌에서 즉시 지불된다(직불 카드 기능).
- cashback/cashout 기능 : 큰 마켓에서 60달러어치 물건을 사고 이 카드로 계산하며 20달러 cashout을 요청하면, 직원은 80달러를 영수증에 찍고 현금 20달러를 내게 준다. 내 구좌에는 그날 그 마켓에서 80달러를 쓴 것으로 나오고 그 금액이 지불된다. 은행에 갈 시간이 없을 때 편리하게 이용할 수 있다(소액의 현금에 한해 가능). 이 경우 계산원이 Do you want any cashback? 하고 묻는다.

*Tip*

### Cashback/Cashout
미국에서 말하는 cashback/cashout은 누적된 포인트를 가지고 상품 구매나 현금 반환을 할 수 있는 한국 기업 SK의 'OK Cashbag'과 다르므로 혼동하지 않기 바란다.

**❷ Check Card**

- account를 open할 때 이 체크 카드를 만들 것인지도 물어본다.
- ATM에서 은행 업무를 처리할 수 있고, debit card를 받는 상점에서는 이 카드로 물건을 살 수 있다.
- 카드에 Visa나 Master 같은 마크가 찍혀 있어 사용은 신용카드처

---

**debit**
: (은행의) 내 구좌에서 상대방에게 지급하는 것을 의미하며, 반대말은 credit이다.

럼, 지불은 check처럼 된다(대부분 레스토랑에서는 check를 안 받는데 이때 신용카드처럼 체크 카드를 쓸 수 있지만, 돈은 check처럼 즉시 내 구좌에서 **빠져나간다**).

- 1회 결제 가능한 한도액이 정해져 있기도 하다.

### ❸ Card의 Activation

구좌를 개설한 날 카드를 주지 않고 며칠 후 집으로 배달되는데, 이때 카드를 activation시켜야 사용이 가능하다. 카드에 그 방법이 적혀 있는데, 일반적인 방법은 다음과 같다.

- 카드에 전화번호가 적힌 스티커가 붙어 있으니 그 번호로 전화를 걸어 activation시킨다(이때는 신청서에 작성한 번호의 전화를 이용해야 한다든지 하는 특별한 지시 사항이 있으니 잘 살펴봐야 한다).
- ATM 기계를 써서 activation시킨다.

## ATM Automated Teller Machine

- 은행에 붙어 있는 ATM은 24시간 사용 가능하며 출금, 입금, 잔액 조회, 대출금 납입 업무 등을 처리한다. 현금 입금도 가능하나 안전을 위해 직접 은행에 들어가서 입금하는 사람이 많다. check의 입금은 ATM으로 해도 무방하다.
- 타 은행의 ATM 카드나 credit card로 출금도 가능하다(별도의 수수료가 붙는다).
- ATM은 10달러 단위로 찾는다(20달러짜리만 있는 기계도 있다).
- ATM은 소수점을 쳐 넣지 않더라도 내가 누르는 모든 숫자는 소수점 둘째 자리부터 올라간다. 즉, 4000이라고 치면 $40.00(40달러), 40000

**Word**

**activation**
: 활동화시킴, 카드를 오픈함.

이라고 치면 $400.00(400달러).

• Drive-through ATM도 많다.

### ❶ ATM에서 40달러를 찾아보자

🖥 : Welcome to XXXX bank,

Please insert XXXX ATM card,

Please enter you PIN number and press OK

Do you want receipts?

(거래 명세서를 받겠습니까?)

👤 : YES

🖥 : Please choose your transactions

👤 WITHDRAW

🖥 : Please enter the transaction amount?

4000 이라고 누르면 화면에 $40.00로 표시된다.

👤 : OK

ATM

ATM 거래의 종류를 선택한다.

❷ **ATM으로 받은 check($35.90)를 Deposit해보자**

- Deposit ticket을 작성한다(Deposit ticket이 필요 없는 은행도 있다).
- 받은 check뒤에 서명과 내 구좌 번호를 적는다.
- ATM 기계에 Deposit용 봉투가 마련되어 있다.
- 봉투 안에 Deposit ticket과 받은 check를 넣는다.
- Transaction option에서 Deposit을 선택한다.
- Enter your transaction amount 하면 3590이라고 누른다.
- 봉투 그림이 그려진 대로 투입구에 봉투를 넣는다.

업무, 거래, 처리
**transaction**

양도, 이전
**transfer**

ATM 기계에 Deposit용 봉투가 마련되어 있다.

Deposit 봉투 넣는 곳.

## ∷ Bank Statement

통장이 없는 대신 한 달에 한 번씩 구좌의 거래 명세서가 집으로 배달
된다. 한 달 동안 이루어진 내 구좌의 모든 업무가 적혀 있다. 이것은
또 면허 취득 시, 공립학교에 원서를 낼 때 주소지 증명으로 쓰이기도
한다. 그 밖에 한국에서 송금이 올 경우에도 statement가 집으로 배달
된다. 요즘은 online statement만 하기도 한다.
monthly statement에는 대략 다음과 같은 내용이 있다.

보고서
**statement**

- statement activity period
- beginning balance, ending balance, average balance, low balance
- credits(+; 들어온 돈), Debits(−; 나간 돈), interest paid(+; 이자 받은 것), fees(−)
- deposit/credit activity(+) : 입금 날짜와 금액, 출처.
- check activity(−) : check 번호별로 이번 달에 쓴 check의 금액과 은행에서 지불한 날짜.
- ATM withdraw activity(−) : ATM에서 인출한 금액, 날짜, 사용한 ATM의 위치.
- other withdrawal/debit activity(−) : check를 쓰지 않고 구좌에서 직접 지불하는 payment나 각종 은행 수수료 등.

## :• 국제 송금

공부를 하러 온 경우라면 더욱이 이 국제 송금을 쓸 일이 많다.

- 국제 송금은 수수료가 많으므로 은행에 미리 수수료를 물어보자.

How much is your incoming international wire transfer fee?
국제 송금을 받을 때 수수료는 얼마입니까?

How much do you charge when I send money to Korea?
한국에 송금할 때 수수료는 얼마입니까?

- 한국에서 돈을 보낼 때 보내는 사람이 한국에서 송금료를 냈어도, 미국 내 은행에서 또 수수료를 뗀다.
- 간혹 한국 사람이 많은 L.A.나 New York의 한국계 은행에서는 한국의 은행들과 제휴해 다른 미국 은행을 이용할 때보다 저렴한 수수료를 받기도 한다.
- 송금을 받을 때(incoming wire transfer)와 송금을 보낼 때(outgoing wire transfer)의 수수료가 다르고, fee가 변하기도 한다.
- 한국에서 송금이 올 경우 송금 내역이 우편으로 배달된다.
- 한국에서 돈을 받고자 할 때 필요한 구좌 정보

  bank name, bank address, bank routing number, account number, account holder name, address and phone number

## ⠿ Account Closing

- 구좌를 닫기 전에 내가 쓴 check가 다 지불되었는지 확인한다. 별문제가 없다면 잔고를 현금이나 내 이름의 check로 받을 수 있다.
- **미지불 check가 있을 경우**
  ① 조건부로 닫는다 : check의 지불이 완료되면 닫는 것으로, 미리 서류에 사인을 한다(다시 은행에 들를 시간이 없을 때).
  ② 잔액을 내 이름의 check로 발행해 원하는 주소로 보내달라고 한다.
  ③ 잔액을 내가 지정한 다른 사람의 이름으로 발행해 원하는 주소로 보내달라고 한다.
- CD는 계약 기간을 다 채우기 전에 닫으면(early termination) 벌금을 문다.

구좌 닫기
**account closing**

미지불
**unpaid**

계약 기간 이전의 종료
**early termination**

현지인이 직접 전하는 미국 생활 INFO

통화
**currency**

지폐
**dollar bill, bill**

동전
**coin, change**

1센트 동전
**penny**

5센트 동전
**nickel**

10센트 동전
**dime**

25센트 동전
**quarter**

## ∵ 미국의 통화

### ❶ 지폐(Bill, Dollar Bill)

1, 2(드물다), 5, 10, 20, 50, 100dollar bill이 있는데, 20달러짜리가 가장 많이 쓰인다. $1 또는 $1.00로 표기한다.

### ❷ 동전(Coin)

1(penny), 5(nickel), 10(dime), 25(quarter)cent가 있다.
$0.25 또는 ¢ 25로 표기한다.
동전은 change라고도 부르고 1센트, 5센트라고 하기보다는 penny, nickel 등의 이름을 더 많이 쓴다.

## O2
# 신용카드

● 　　　처음 미국에 온 사람은 credit(신용 점수)가 없어 카드를 만들기 어렵다. 하지만 은행에 내 구좌가 있으면, 적은 금액의 한도 내에서 credit card를 만들어주기도 한다. debit card를 신용카드 대용으로 쓸 수도 있지만, 조건이 안 좋더라도 구좌가 있는 은행에서 신용카드를 만들어 잘 관리하며 쓰면 credit가 쌓여서 나중에 더 좋은 조건으로 카드를 발급받을 수 있다.

## ∴ 한국과 다른 점

- Visa, Master가 가장 일반적인 신용카드다. Discover와 American Express는 안 받는 곳도 종종 있다.
- 카드를 안 받는 상점은 별로 없고 소액도 결제 가능하다.
- 특정 카드로 결제 시 입장료 등의 할인 혜택은 거의 없다.
- 결제할 때, 무이자 몇 개월 분할을 정하는 경우는 없다.
- 매달 나오는 청구액에서 카드 회사가 정해주는 minimum 이상만 내면 카드를 정지당하는 일은 없다.
- 카드 대금은 check를 써서 보낸다.
- 카드를 만들 때 그 카드를 위해 은행 구좌를 개설할 필요는 없다.
- 한 카드에서 다른 카드로 미지불 잔액을 옮기는 balance transfer에

---

**Word**

신용 점수
**credit score**

카드 신용/대출 한도액
**line of credit**

연 금리율
**APR**
: Average Percentage Rate

미결제 잔액
**balance**

**Word**

지불 기한일, 납기일
**due date**

지급 기일 경과
**past due**

연회비
**annual fee**

가입비
**enrollment fee**

특별 이자율을 적용해주기도 한다(● 59쪽 참조).

• blank check를 보내주기도 한다(● 60쪽 참조).

• 처음 카드를 만들 때 일정 기간 더 낮은 이자율을 주기도 한다(low introductory interest rate).

• 연회비 없는 카드가 일반적이다.

• 같은 번호로 두 사람 명의의 카드를 발급받을 수 있다.

## 연회비

대부분의 Visa, Master, Discover card는 연회비가 없다. American Express는 있는 것도 있고 없는 것도 있다. 항공사 제휴 등의 특별한 보너스 프로그램이 있을 때는 가입비나 연회비를 받기도 한다.

## Payment

처음 구매할 때 '몇 개월 무이자 분할' 같은 제도는 없지만, 그렇다고 전액을 다 내지 않아도 된다. statement에 minimum payment amount가 나오는데 due date(납기일) 전에 minimum 이상만 내면, 미지불에 대한 벌금(past due finance charge)은 면할 수 있다. 물론 다음 달에 그 남은 금액에 이자가 붙어서 내야 할 돈이 기하급수적으로 늘어난다.

## Balance Transfer

한 카드의 잔액을 다른 카드로 넘기는 것을 말한다. 특히 새로 카드를 신청할때는 이 balance transfer 이자율을 아주 낮게(때로는 0%) 책정하므로 높은 이자율의 카드 대금을 낮은 이자율의 새 카드로 옮길 때 유리하다.

예를 들면, Low Introductory Rate! First 12 month, 0% APT on Balance Transfer(balance transfer하면 처음 12개월 무이자)와 같은 offer가 많다. 꼭 새 카드를 만들지 않아도 쓰고 있는 카드 회사에서 가끔씩 balance transfer에 한해 특별한 이자율을 적용해주기도 한다.

## :• Credit Card의 Activation

새 신용카드는 오픈(activation)을 해야 사용할 수 있다. 카드를 오픈하는 가장 일반적인 방법은, 집에 배달된 새 카드에 전화번호가 적힌 스티커가 붙어 있는데, 신청서에 적었던 전화로 거기 적힌 전화번호로 전화를 한다. 그러면 기계가 카드 번호, zip code 등등 각종 번호를 누르라고 하기도 하고, 사람이 직접 받기도 한다. 직원이 직접 받을 때는 또 각종 protection plan을 들라고 유도한다. 원하면 들되, 아니면 단호히 거절한다. 물론 뒷면에 사인하는 것도 잊지 말자.

입문의, 소개하는
**introductory**

**activation**
: 활동화시킴, 카드를 오픈함.

*Tip* 카드의 Protection Plan

일종의 보험과 같이 매달 일정한 돈을 지불하고, 카드를 도난당하거나 카드 빚이 많아서 갚지 못할 때 매달 minimum을 내준다든지, 미결제 금액의 얼마를 내준다는 등의 혜택이 있다. 제약 사항이 많고 매달 일정한 금액을 내야 하므로 이를 들 때는 모든 조항을 잘 읽어보고 손실과 이득을 상세히 따져봐야 한다.

## ∵ 신용카드사에서 보내주는 Check

- blank check를 몇 장씩 보내기도 한다. 보통 personal check같이 생겼으며, 그와 똑같은 용도로 사용할 수 있다. 내 credit card 구좌로 charge되어서 monthly statement에 함께 나온다.
- 내 이름으로 예를 들면, 1000달러짜리 체크가 오기도 한다. 이것을 내 은행에 deposit하면 1000달러를 cash로 찾아 쓸 수 있고, 그 금액은 다음 달 내 credit card bill에 1000달러가 charge되어 나온다.
- 물론 다 소비를 유도하는 것이지만, 당장 cash가 없는데 credit card를 안 받는 곳에서 유용하게 쓸 수 있다.
- 이 check들은 안 쓰고 폐기하면 아무 효력도 발생하지 않지만, 이를 쓸 경우 보통의 카드 구매와 APR가 다르게 적용될 수 있으니 사용하기 전에 잘 읽어봐야 한다.

## ∵ Credit Score

신용 점수
**credit score**

신용 조사
**credit check**

신용 평가표
**credit report**

융자
**finance**

대부금
**loan**

각종 경제 활동을 하게 되면 내 이름으로 credit가 쌓이게 되는데, 이것이 점수로 환산된 것을 말한다. 집을 산다든지 융자해서 차를 살 때, 차를 리스할 때, 아파트를 렌트할 때 credit report를 보는 경우가 있다. 또 credit score에 따라서 더 좋은 조건을 얻을 수도 있다.

### ❶ Credit Report의 내용

credit score에는 점수를 매기게 된 증거 자료가 함께 나온다. 즉, 각종 카드(credit card, store card 등), 금융 기관의 융자와 상환, 각종 납입금 상환 등의 내역이 아주 자세히 나온다(개설일, 해지일, 해지 이유, 융자의 상환액, 연체 기록 등).

## ❷ Credit Check

전문가들은 1년에 한 번 정도 credit report를 받아서 살펴보라고 조언한다. 내용이 모두 정확한지 정기적으로 점검하면, 본인도 모르게 ID theft의 피해자가 되고 있는지 여부를 사전에 파악할 수 있다.

## ❸ Credit Bureau

본인이 요청하면, 각각의 credit bureau로부터 1년에 한 번은 free credit report를 받을 수 있다.

다음은 대표적인 credit bureau들이다.

> Equifax 800-685-1111, www.equifax.com
> Experian 888-397-3742, www.experian.com
> Trans-Union 800-916-8800, www.transunion.com

## ❹ Credit Score 관리하기

- 융자 상환을 성실히 한다(안 빌리고 안 갚는 것보다 빌리고 잘 갚으면 점수가 올라간다).
- 각종 payment를 밀리지 않고 잘 낸다.
- 안 쓰는 account는 닫는다.
- 1~2개 카드로 대금 납부를 성실히 하면서 오랫동안 쓴다.
- 오랫동안 사용해서 credit line이 높은 신용카드는 안 쓰더라도 가지고 있다.
- credit report를 뽑을 때마다 점수가 조금씩 내려간다(본인 요청은 제외).

## ∴ 카드의 분실 및 도용

한국에서도 마찬가지이지만 카드를 도용당했을 때, 카드사에서 먼저 연락이 오는 경우가 있다. 요즘은 인터넷 등의 구매가 빈번해서 이런

ID
**Identification**

도난
**theft**

61

신용카드

분실
**lost**

도용
**fraud**

일이 종종 있다. 이럴 때는 즉시 account가 closing되고, 새 카드를 발급해준다. 분실 신고를 했을 때도 마찬가지이다.

## ∵ Account Closing

- closing하기 전 balance가 없는지 확인한다.
- closing을 요청하면 카드사에서 확인 메일을 보내기도 한다.
- 전화로 closing하겠다고 하면, 각종 미끼를 던지며 계속 가지고 있기를 권한다(APR를 낮춰준다든지, credit line을 올려준다든지…). 이를 활용해볼 수도 있다.
- 편지로 요청해서 기록을 남기는 편이 더 확실하다. 꼭 copy를 해두고 일반우편보다는 수신이 증명되는 delivery confirmation 등을 이용하는 것이 더 좋다.
- closing 후 한두 달 정도는 잘 확인한다.

### Sample Reasons for Closing an Account

Your grace period is too short.
지불 유예 기간이 너무 짧다.

There are not many stores that take your card.
너희 카드를 받는 상점이 많지 않다.

I got a better APR from another company.
다른 회사에서 더 좋은 이자율을 받았다.

I opened a new card with a mileage program but no annual fee.

연회비 없는 항공 마일리지 카드를 새로 열었다.

My credit line is too low.

신용 한도액이 너무 적다.

• mail로 account closing할 때는 간단히 이렇게 써 보내자.

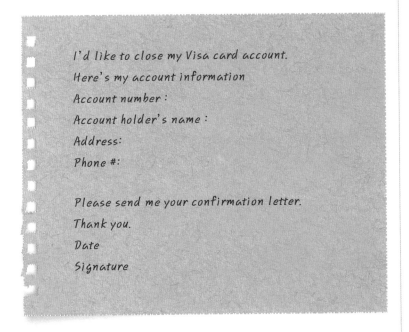

I'd like to close my Visa card account.
Here's my account information
Account number :
Account holder's name :
Address:
Phone #:

Please send me your confirmation letter.
Thank you.
Date
Signature

지불 유예 기간
**grace period**

(상점에서) 카드를 받다
**take the card**
: 아메리칸 익스프레스 카드 받나요? 하고 물을 때는 Do you take Amex?

신용카드

# Sample Credit Card Application Form

A-PTP128-GS1

▼ Please detach here ▼

## VisaPlatinum Select  Pre-Approved Application Form

**Please see back of letter for the Disclosures,**
**which include rates, fees and other cost information.**

Your name and address will appear on your account as shown below. Please mark any corrections in this area.

●

### STEP 1. PERSONAL INFORMATION.

Social Security Number          Date of Birth

111222333444      ZZ88Z      XXX      01

Home Phone No. with Area Code          Business Phone No. with Area Code

HYUNJUNG MIN
1234 FIELD DR
ANN ARBOR   MI   48103

**0 0 0**   *Alimony, child support, or separate maintenance
income need not be revealed if you do not wish it to
be considered as a basis for repaying this obligation.

Gross Yearly Household Income*

### STEP 2. EMAIL ADDRESS, ADDITIONAL AUTHORIZED USER AND SECURITY WORD.

Email Address: Include full address with punctuation. Example: jdoe@citi.com If you provide an email address, we may use it
to contact you about your account. We may also use your email address to send you information about products and services
you might find useful.

I would like a second card at no additional cost. (Print the full name of the authorized user.)

Security Word: 10 characters or less. Use letters or numbers; Please use one: Best friend's last name; Last 4 digits of a relative's or friend's phone number; Pet's name; Favorite teacher's name.

**Yes, I would like to protect my account by enrolling in PaymentAid.** By providing my initials, I have received the PaymentAid Program Summary on the enclosed insert and I want to purchase this OPTIONAL program. Bill my account $0.87 per $100 of my New Balance until I cancel. If you cancel this within the first 30 days, you will not be billed.

**PRINT INITIALS**

### STEP 3. BALANCE TRANSFER OPTION *(in order of preference)*.

Credit Card Issuer          Account Number          Dollars      Cents

Credit Card Issuer          Account Number          Dollars      Cents

### STEP 4. AUTHORIZED SIGNATURE.

X

Signature          Date

By signing at left, I certify that I have read the Citi Disclosures, and agree to and meet the Terms and Conditions of Offer on the reverse side.

P1208

---

미리, 이전의
**pre**

허가된
**approved**

- 내 신용 정도가 좋아지면 카드를 만들라고 이런 form이 수없이 날아 온다. STEP 3에 BALANCE TRANSFER OPTION이 있어서 이미 가지 고 있는 카드사 이름, 카드 번호, 원하는 금액을 적으면 간단히 bal-ance transfer를 할 수 있다.

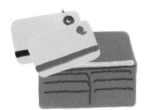

# Store Card

한국에서와 마찬가지로 각종 백화점이나 상점에 자체 결제 카드가 있다. store card 중에는 가끔 무이자 몇 개월 할부 등이 있다. 사용 실적에 따라 포인트를 모으면 reward가 있는 경우도 많다. 지불은 역시 check를 써서 보내면 된다.

# PayPal™

미국 내에서 사용 가능한 credit card 없이도, 또 내 credit card 번호를 여기저기에 유출하지 않고도 온라인 쇼핑을 할 수 있다. PayPal™에 내 은행 구좌나 카드 번호를 입력해놓고, 온라인 쇼핑 시 지불을 PayPal™로 지정하면 된다. 나의 금융 기관 정보는 PayPal™에만 들어 있고, 기타 쇼핑 사이트에는 유출되지 않는다. 안정성 때문에 많은 구매자가 PayPal™을 선호하며 그에 따라 더 많은 사이트가 PayPal™을 받고 있다. 구매자는 PayPal™을 이용할 때 별도의 수수료를 지불하지 않는다.

보상
**reward**

신용카드

● 　　　　　보금자리라는 말이 실감 나는 미국 속 나의 집…. 미국 생활에 나의 보금자리는 더없는 휴식
처다. 더 이상 영어 때문에 스트레스 받지 않아도 되고 냉장고의 김치도 맘대로 꺼내 먹고, 한국 음악도 맘껏 듣
고…. 처음 와서 내 거처를 마련한 것만으로도 큰 안도감을 준다. 하지만 한편으로는 한 달 생활비의 가장 큰 부분을
차지하는 것이 렌트비인 만큼 살 집을 결정하기에 앞서 요모조모 빼놓지 말고 꼼꼼히 따져보자.

침구 매장

# 집과 생활

아파트

낯선 땅에서 집을 구하고, 필요한 서비스를
신청하고, 살림살이를 마련하면 우선 급한
일은 다 해결된 것이라고 할 수 있다.

OI
# 집 구하기

●        처음 미국에 와서 내 거처를 마련한 것만으로도 큰 안도감을 준다. 하지만 한편으로는 한 달 생활비의 가장 큰 부분을 차지하는 것이 렌트비인 만큼 살 집을 정할 때는 신경을 써야 한다. 여기서는 집을 구매하는 경우는 제외하고 단기 체류에 일반적으로 적용되는 렌트에 대해서만 알아본다. 방 하나, 아파트, 콘도, 단독주택 모두 렌트 가능하다.

## ∴ 한국과 다른 점

 **Word**

- 렌트는 월세만 있고 전세는 없다. 즉, 목돈의 전세금은 필요 없다.
- 아파트는 보통 빌려서 사는 공동주택을 의미한다(뉴욕 등에는 한국과 같은 개념의 개인 소유 고층 아파트가 있다).
- 콘도는 휴양지에 있는 숙박 시설이 아니다. 단독주택은 아니고, 아래 위 혹은 옆으로 다른 집과 붙어 있지만 소유할 수 있는(구입 매매) 집을 말한다.
- 면적은 평방피트(square feet)로 나타낸다.
- 침실의 개수가 일반적인 크기를 나타내는 기준이기도 하다.
- 현관의 구분이 별로 없다.
- 욕조 밖의 화장실 바닥에 개수구가 없다.

임대
**rent**

임대차 계약
**lease**

집주인
**landlord, lessor**

차용인
**tenant, lessee**

거주자
**resident**

점유, 거주
**occupancy**

집세
**rent, the rental**

차용 기간
**tenancy lease term**

현지인이 직접 전하는 생활 INFO

보증금
**security deposit**

**utility**
: 전기, 전화, 가스, 물
등의 공익 시설을 말함.

**furnished apart-
ment**
: 거실, 침실의 기본적인
가구와 각종 부엌 살림
(그릇까지)이 모두 마련
되어 있다.

**unit**
: 아파트에서 한 가구를
unit이라고 부른다.

공립학교
**public school**

학군
**school district**

- 방과 거실 천장에 전등이 없다.
- 부엌, 화장실 외에는 바닥 전체에 카펫이 깔려 있는 공간이 많다.
- 대부분의 방에 벽장(closet)이 있어 장롱은 필요 없다. 서랍장 정도면
 된다.

## ●• 무엇을 고려할까

### ❶ 예산
- 렌트비로 한 달에 얼마를 낼 수 있나.
- 보증금(security deposit : 몇 백 달러 정도)이 필요하다.
- 렌트비에 공과금(utility : 전기, 전화, 가스, 물 등)의 포함 여부.

### ❷ 기간
- 얼마나 오래 살 것인가.
- 리스할 경우 minimum 계약 기간을 요구한다.
- 아주 단기간이라면 furnished unit(가구 포함)도 고려해본다.

### ❸ 가족 수
- 몇 명이 살 것인가.
- 아이는 몇 명인가.
- 애완동물이 있다면 이를 허락하는 아파트를 찾아야 한다.

### ❹ 지역
- 차가 없다면 대중교통 이용이 가능한 곳.
- 통학이나 통근 거리.
- **학군** : 공립학교에 보내려면 district map으로 해당 지역의 학교를

확인한다.

• 안전, 주변 환경, 이웃.

## ∴ 임대주택의 종류

**①  아파트**

• 일반인이 가장 손쉽게 렌트할 수 있다.

• 기업이나 개인이 건물을 소유하고 있다.

• 단층 건물부터 고층 건물까지 매우 다양한 형태가 있다.

**②  Duplex**

• 한 지붕 아래 똑같은 두 집이 붙어 있다.

• 아파트보다는 단독주택의 장점이 있다(약간의 마당).

• 보통은 규모가 작은 편이다.

Word

아파트
**apartment**
: 줄여서 apart라고 하지
  않는다.

71

집 구하기

아파트 매우 다르게 생겼지만 모두 아파트라 부른다

❸ **Townhouse(town-home) / Condominium**

- 옆, 위, 혹은 아래에 다른 가구가 산다(한국의 빌라, 연립주택과 비슷).
- 지역에 따라 타운하우스와 콘도의 정의가 혼동되기도 하지만, 개인이 소유할 수도 있고, 기업이 소유해서 개인에게 렌트하기도 한다.
- 다양한 부대시설을 갖춘 곳이 많다.

**house**
: '집'을 총칭하지만 렌트와 관련해서는 단독주택을 의미한다. 정확히 말하면 single family home이다.

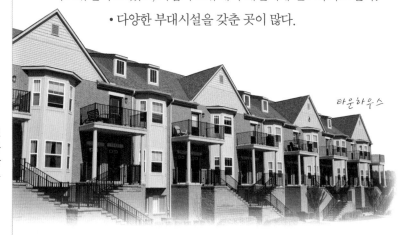

*타운하우스*

❹ **House**

- 단독주택을 말하며, 보통 개인이 소유한 주택을 렌트한다.

❺ **Room**

- 방 하나를 빌려 사는 것을 말한다.

❻ **Flat**

- 단독주택의 한 층을 모두 쓰는 경우를 말한다.

*Tip*

**Room**

침실은 bedroom이라 하고 그냥 room이라 할 때는 집 안의 각종 공간을 의미한다. 즉, 6 rooms라고 하면 bedroom 1, bedroom 2, kitchen, dining room, living room, bathroom을 말한다.

## ⦂• 크기의 구분

면적은 square feet로 표시하지만, 보통 방 개수로 집을 구분한다. studio, 1 bedroom, 2 bedroom, 3 bedroom 이렇게 구분한다.

- **studio** : 화장실만 빼고 모두 한 공간에 있다(한국의 원룸같이).
- **1 bedroom** : 아파트 방 1, 화장실 1, 부엌, 거실.
- **2 bedroom** : 아파트 방 2, 화장실 1, 부엌, 거실. 화장실이 하나 이상일 경우는 명시한다.

> 예)    2 bedroom 2 bathroom

## ⦂• 아파트 광고 찾기

- **인터넷** : 규모가 큰 아파트는 인터넷에 나와 있다. 평면도, 렌트비 등 필요한 정보가 거의 다 있기 때문에 편리하다. 지역별로 아파트를 쉽게 찾을 수 있고, 큰 아파트는 별도의 웹사이트도 있다.

> ★ www.forrent.com / www.rent.com

- **지역 신문** : 규모가 큰 아파트뿐 아니라 단독주택, 타운홈, 콘도 등 개인이 내는 광고들을 찾아볼 수 있다. 특별히 렌트 광고가 많이 실리는 요일이 따로 있다.
- **기타 렌트 전문 광고 매체** : 슈퍼마켓 앞에 렌트 전문 광고 신문들이 있다.
- **각종 게시판** : 학교, 슈퍼, 식당 등의 게시판에서도 렌트 광고를 찾아볼 수 있다.

**Word**

평방피트
**square feet**
: 면적을 표시하는 단위로, 1square feet는 0.028평이다.

**full bathroom**
: 욕조(또는 샤워 부스), 세면대, 변기를 모두 갖춘 경우를 말한다. half(0.5) bathroom은 세면대와 변기만 있는 경우로, 어떤 집에 1.5 bathroom이라고 되어 있다면 full bathroom 하나에 half bathroom이 하나 있다는 이야기다.

평면도
**floor plan**

지역 신문
**local newspaper**

부동산
**real estate**

부동산 중개업자
**real estate agent, realtor**

중앙 냉방
**central air condi-
tioner**

지하실
**basement**

가전제품
**appliance**

냉장고
**refrigerator**

전자레인지
**microwave oven**

가스레인지 또는 전기레
인지
**stove, cooktop**

설거지 기계
**dish washer**

음식물 쓰레기 분쇄기
(싱크대 밑에 부착된)
**garbage disposal**

## ❖ 아파트 광고 읽기

- 인터넷에 나와 있다면 필요한 정보는 거의 다 볼 수 있다.
- 신문 광고를 볼 경우, 대략 지역과 예산을 정하고 광고를 꼼꼼히 살
  핀다. 혹은 전혀 아이디어가 없더라도 광고를 읽다 보면 지역이나 가
  격에 대해 감을 잡을 수 있다.
- 제한된 지면 때문에 대부분 약자로 쓰여 있다.

  2 bdrm, 2 bth : 2 bedroom, 2 bathroom

  C/A : central air conditioner

  A/C : air conditioner

  Bsmt : basement (지하실)

  incl. : included (~포함)

  avail. : available (~가능)

  w/ : with

  appl. : appliance (가전제품)

- unfurnished apartment라도 가스레인지 및 오븐은 포함되어 있고, 냉
  장고, 전자레인지, 세탁기, 건조기가 모두 또는 일부 포함되어 있다.
- 더 자세한 정보는 전화를 걸어 물어본다(가격, 위치, 층수, utility 포함
  여부, 세탁실, 주차, 이사 가능 날짜 등).

### _Tip_   Leasing Office/Manager
일반적으로 큰 규모의 아파트는 office가 따로 있어 임대 계약을 비롯해 모든 관
리 업무를 담당한다. 아파트 단지 내에 office가 있기도 하고 다른 곳에 있기도
하다. 작은 규모의 아파트는 office가 따로 없는 경우가 많고, 매니저를 고용하거
나 주인과 계약을 맺은 임대인이 매니저 일을 맡기도 한다. 매니저의 업무는
leasing office에서 하는 일과 동일하다.

## 대화

Hi, I'm interested in one of your apartment.
나온 아파트에 관심 있습니다.

I found your advertisement in the newspaper(on the internet / on the apartment guide).
신문에서 아파트 광고를 봤는데요.

Are there any still available?
아직 렌트 가능합니까?

May I ask some questions?
몇 가지 물어봐도 될까요?

How many units are in your complex?
몇 집이나 있나요?

How many available units do you have now?
렌트 가능한 집은 몇 집인가요?

What floors are those on?
몇 층인가요?

Are there any available units on the first floor?
1층에 렌트할 집이 있나요?

Are any utilities included in the rent?
유틸리티가 렌트에 포함되나요?

Do you have washer & dryer in any of the units?

세탁기와 건조기가 있는 집이 있나요?

Are there laundry rooms in your apartment?

아파트에 세탁실이 있나요?

Do you have a parking lot (gated parking lot/garage/covered parking lot)?

파킹 장소가 있나요?

Is it in move-in condition? When is the earliest move-in date?

당장 이사 들어갈 수 있나요? 가장 빨리 이사 들어갈 수 있는 날이 언제인가요?

I'd like to look around one of your apartment. What are your office hours?

아파트를 둘러보고 싶어요. 사무실 근무 시간이 어떻게 되나요?

Can I look around at 3:00 pm tomorrow?

내일 오후 3시에 둘러보고 싶은데요?

May I make an appointment for tomorrow at 3:00?

내일 오후 3시에 약속을 잡을 수 있을까요?

※ **gated parking lot** 문이 있는 파킹 장소 / **garage** 차고 / **covered parking lot** 지붕이 있는 파킹 장소(car port라고도 한다)

## ⁖ 아파트 보러 가기

인터넷, 신문 등으로 범위를 좁혔으면 직접 보러 간다. 아무리 인터넷으로 봤다고 해도 직접 가서 확인하면 다른 느낌이 들 수 있다. leasing office가 있는 큰 아파트들은 office hour 동안은 예약 없이도 가볼 수 있다(이를 walk-in이라고 한다). 그러나 개인 집이나 규모가 작은 아파트는 집주인이나 매니저와 미리 전화로 약속을 정한다. 여러 집을 하루에 볼 경우에는 지도를 가지고 동선을 고려해 시간 약속을 정하는 것도 좋다.

### 무엇을 볼까

- **주변 환경** : 동네가 안전한지, 이웃은 어떤지, 조용한지, 마켓 등은 가까운지….
- **단지** : 단지 내 시설(수영장, club house, fitness room, 세탁실 등)을 둘러본다. 렌트비에 이런 시설 이용료가 포함되어 있기 때문에 이들을 전혀 이용하지 않을 사람이라면 비싼 렌트비 내면서 이곳에 살 필요가 없다.
- **unit** : 현재 비어 있는 집(unit) 중 내 조건에 맞는 곳을 골라 둘러본다. 단지 내에서의 위치는 어떤지, 옆집 이웃, 부엌 가전, 청결, 주변 상가와의 거리 등을 고려한다. 마음에 들 경우 렌트 가능한 모든 unit을 둘러본다.
- 관리는 잘되고 있는지 이웃 주민에게 물어볼 수 있다. 매니저는 당연히 잘해준다고 할 것이다.
- 마음에 드는 곳은 application form을 미리 받아온다.

아파트 관리 사무소
**leasing office**

**walk-in**
: 예약 없이 들어가는 것. 병원, 미용실 등에도 사용한다.

위락, 편의 시설
**amenity**

관리
**maintenance**

신청서
**application form**

집 구하기

77

## 대화

I'm looking for a 2 bedroom apartment.
방 2개 아파트를 구해요.

Do you have any available units?
렌트 가능한 집 있나요?

Can you show me now? / Can I look around now?
보여주실 수 있어요?

Are there little children in the neighborhood?
어린아이들이 주위에 살고 있나요?

Are there any legal documents you require for renting?
렌트하는 데 필요한 서류들이 있나요?

What is your minimum lease term?
최소한의 리스 기간은 얼마나 되나요?

I'd like to have a non-smoking unit.
금연동을 원해요.

Do you have a smoking preference?
흡연하시나요?(매니저가 묻는 질문)

## ∶• Application Form

아파트마다 다르지만, 대략적으로 다음과 같은 사항들을 묻는다.

- 이름, social number, 운전면허 번호, 자동차 소유 여부.
- 현재 주소, 이전 주소.
- 은행 구좌 정보(구좌 번호를 전부 노출하지 않아도 된다).
- 직장 정보 등 수입 원천(income source).
- 비상 연락 가능한 사람(emergency contact person).
- 접수비를 요구하기도 한다(non-refundable credit check/application fee).

## ∶• 계약하기

원하는 아파트를 정했다면 계약을 한다. 당일 계약하려면, 미리 전화로 필요한 서류를 물어보고 준비해 간다.

- 계약서에 사인하기 전, 원하는 unit에 반드시 들어가서 둘러본다. 임대한 사람이 아직도 살고 있는 경우 잘 보여주려 하지 않지만, 이 경우도 임대인의 허락을 받아서 보여달라고 요구한다.
- social number가 없거나, 처음 미국에 와서 credit가 없으면 렌트를 해주지 않으려는 곳이 많다. 재학을 증명하는 서류, 학생증이나 은행 잔고 증명 등을 준비해 간다. 결국 집주인이 가장 중요시하는 것은 렌트비다. 렌트비를 낼 능력이 있다는 증명을 확실히 할 수 있는 서류들을 준비해 가면 설득력이 있다.

Word

현재 주소
**current address**

이전 주소
**previous address**

수입 원천
**income source**

비상 연락
**emergency contact**

환불 불가
**non-refundable**

청구하다, 부과하다
**charge**

수수료
**fee**

벌금
**fine**

79

집 구하기

계약 기간
**lease term**

보증인
**sponsor,
reference,
cosigner**

계약의 만료
**expiration**

(계약의) 조기 종료
**early termination**

리스 계약서
**agreement of
lease**

규칙과 규정
**rules and regula-
tions**

방문 차량 주차장
**guest parking lot**

- **계약 기간** : 대부분의 아파트는 일정한 리스 계약 기간(lease term)을 요구한다. 대부분 1년을 요구하지만, 단기(3, 6, 9개월)도 가능하다. 1년 이하일 경우 렌트비가 약간 더 비싸기도 하다. 그러나 처음에는 단기로 계약하고 살아보다 마음에 안 들면, 다른 집으로 이사 가거나 다시 재계약할 수 있다. 계약한 기간 동안은 렌트비가 일정하지만, 재계약 시 약간 올라갈 수도 있다.

- 리스 기간을 다 채우지 못하고 파기할 경우(early termination)에 대해 물어본다. 벌금을 내거나 최악의 경우 나머지 기간의 렌트비를 물고 나가야 하는 경우도 있다.

- **계약금** : 보증금(security deposit)과 첫 달 렌트비, 보증금은 아파트마다 다르고, credit가 없는 경우 더 높게 부르거나 보증인을 요구하기도 한다.

- **계약서** : 가능하면 계약서, 서약서, 사용 규정 등을 자세히 살핀다. 보통은 security deposit, 렌트비, key, utility, parking 등에 관한 규정과 렌트비를 안 냈을 경우, 소란을 피울 경우, 파손을 했을 경우, 조기에 계약을 파기했을 경우 어떻게 할 것인지에 대해 자세히 적혀 있다. 나중에라도 잘 읽어둔다.

- 계약서에 사인할 때는 특히 숫자들을 잘 확인한다(security deposit, 월 렌트비, 계약 기간, 입주일 등).

- 렌트비도 deal할 수 있다.

- move-in special이 있었으면, 정확히 언제 어떻게 받을 수 있는지 확인한다(one month free, rebate, gift card 등).

- 지정된 parking 위치를 확인해두고 guest parking lot가 있는지, 있으면 어딘지도 알아둔다.

## ❖ 입주 전후

- 이사 전에 미리 주소 이전과 utility(전기, 전화, 가스, 케이블 등)를 신청한다. 신청 정보는 아파트 매니저에게서 받는다( ◎ 자세한 내용은 'Utility' 참조).
- 입주일 전이라도 열쇠는 먼저 받을 수 있다. 아니면 매번 들를 때마다 매니저에게 키를 받아서 들어간다.
- 약간의 짐을 먼저 옮겨놓을 수 있도록 허락받으면 편리하다. 가구를 사서 그쪽으로 직접 배달할 수도 있고, 미리 청소도 할 수 있다.
- 대부분의 아파트는 거실 및 방에 전등이 없으므로 등을 미리 사놓는 것도 좋다.
- **key** : 아파트 키, 우편함(mail box) 키, 위락 시설 키(위락 시설이 있으면). 닫으면 저절로 잠기는 현관문에 주의한다. 현관문 열쇠를 다른 것으로 바꾸고 싶으면 계약 시 매니저에게 미리 문의한다.

입주
**move-in**

(전화, 전기 등의) 설치
**installation**

조사, 검사
**inspection**

• inspection : 입주 후 보통은 1주일 내에 inspection sheet를 작성해서 내야 한다. 즉 내가 들어와서 사는 시점에서의 아파트 내부 상태를 적어두는 것이다. 매니저가 주는 inspection sheet에는 모든 공간마다, 기물마다 체크리스트가 있다. 벽, 천장, 바닥, 창문, 벽장 등등 이미 파손되어 있는 부분은 꼼꼼히 살피고 적어놓는다. 그렇지 않으면 집을 나갈 때 내가 파손한 것으로 간주해 그 수리비를 물어내야 하기 때문이다.

매니저가 inspection sheet를 안 줄 경우는 요구하고, 없다면 직접 간이로 작성해서 매니저에게 확인 절차를 밟는다. 설명하기 애매할 경우는 사진을 찍어두어도 좋다.

*Tip*

### 벽에 못 박기

미국의 집은 회벽이라서 못을 그냥 박으면 흔들거리고 그대로 빠진다. Home Depot 같은 store에서 파는 plastic screw를 먼저 벽에 박고 그 위에 못을 박아야 못이 고정되고 무거운 것을 걸 수 있다. 아주 무거운 것을 걸 때는 벽 중간 중간의 나무 기둥을 찾아 그 나무 기둥에 못을 박아 거는데, 이때는 stud scanner를 사서 벽 속에 있는 기둥의 위치를 확인한다.

## ∴ 수리 요청

수리, 정비
**maintenance**

렌트의 좋은 점은 무엇이든지 고장 날 경우에는 매니저에게 전화만 하면 된다는 것이다. 물론 관리가 잘되고 있는 아파트의 경우는 금상첨화다. 하지만 그렇지 않을 경우 속을 썩이기 십상이다. 이때는 계속 졸라대는 수밖에 없다. 우는 아이 떡 하나 더 주는 법이니까.

- 전구를 갈아 끼우는 것까지도 요청할 수 있다.
- 보통 내가 사는 동안 요구하는 사소한 수리에 대해서는 내게 청구하지 않는다.
- 우선은 전화로 요청하되, 서면으로 작성해 수리를 요구하는 경우도 있다.
- 수리하러 올 때 본인이 집을 비울 경우 매니저에게 내가 없을 때 집 안에 들어와도 된다는 본인의 허락을 서면으로 작성한다(permission to enter).

Maintenance Request and Permission to Enter

My name is Soojin, resident of # 201.
My garbage disposal is not working.
Please fix it as soon as possible.
If you need to come in when I'm not at home,
I allow my Manager, Mr. Walter, to open my
door.
The maintenance person can come in when I'm
not at home.
Please feel free to contact me at 123-456-7890.
Thank you.

     Date, sign

## 고장 및 문제 발생 설명하기

변기
**toilet(bowl)**

온수 보일러
**water heater**

냉장고
**refrigerator**

냉동고
**freezer**

벼룩
**flea**

물이 새다
**leak**

정전
**blackout**

The toilet/drain is clogged.
변기/하수구가 막혔다

Water heater is not working.
온수 보일러가 안 들어온다.

Air conditioner is out of order.
에어컨이 고장 났다.

Refrigerator is out of order.
냉장고가 고장 났다.

The closet door is off track.
벽장 문이 빠졌다.

I have fleas in my carpet.
카펫에 벼룩이 많다.

The water is leaking under the kitchen sink(on the showerhead / on the bathroom faucet).
부엌 싱크의 물이 샌다(샤워, 화장실 수도꼭지).

I locked myself out.
문이 잠겼다.

The power is(was) out.
전기가 나갔다.

- 임의로 실내 구조를 변경할 수 없다. 꼭 필요하다면 주인의 허락을 받아야 한다. 보조 자물쇠 하나라도 더 달려면 사전 허락을 받는다.
- 화장실 바닥에 개수구가 없기 때문에 욕조의 물이 넘치면 자칫 아래

층 천장에 얼룩이 질 수 있다. 또 카펫에 물이 심하게 넘쳐 아래층 천
장까지 젖으면 본인이 물어내야 하므로 주의한다.

## ∵ 이사 나갈 때

• 보통은 30일 전에 미리 알린다. 아파트마다 다를 수 있으니 계약서를
확인한다.
• 서면으로 통보한다.

> *Notice of Move-Out*
>
> *My name is Soojin, resident of # 201.*
> *This is to notify that I will be moving out on*
> *March 31. 2010.*
> *Here are the details of my move-out.*
> *Move-out date ; March 31. 2010*
> *New address ; 123 main street.*
> *Contact phone number ;*
>
> *Sign and date*

• 렌트비는 보통 매달 1일에 내지만, 이사일이 10일이라면 미리 매니
저에게 10일 치의 렌트비만 계산해달라고 하든가, 한 달 치를 내고
후에 차액을 돌려받는다.
• 이사 나갈 때는 처음 들어온 상태대로 해놓아야 처음에 냈던 securi-
ty deposit을 그대로 돌려받을 수 있다.

재계약하다
**renew**

재계약, 갱신
**renewal**

- 보통은 매니저나 주인이 먼저 리스 기간이 곧 끝나니 재계약할지 여부를 묻는 메일을 보낸다. 이때 렌트비가 변동될 수도 있다. 아니면 본인이 먼저 연락해서 흥정을 할 수도 있다.
- 리스 기간이 끝났는데 한두 달 더 살아야 한다면, month-to-month 렌트를 요청한다. month-to-month는 리스 때보다는 월 렌트비를 조금 더 내게 되지만, 긴 리스 기간에 묶이지 않고 이사 나갈 때까지 살 수 있다.

*Tip*

**Hardware Store**
Home Depot, Lowe's, ACE Hardware, True Value….
이곳은 못이나 망치, 전구 같은 간단한 물건부터 각종 카펫, 욕조, 창문뿐 아니라 목재나 지붕 재료까지 집과 관련한 모든 재료를 판매하는 D.I.Y(Do It Yourself) store이다. 인건비가 비싼 미국에서는 많은 사람이 웬만한 것은 자신이 직접 고치거나 설치하곤 한다.

## ∷ Security Deposit 제대로 돌려받기

- security deposit은 보증금이지만, 한국의 보증금 의미와는 좀 다르다. 이사를 나가고 나서, 이를 전부 또는 일부만 돌려받을 수도 있고 하나도 못 받을 수 있다. 집주인이 다른 사람에게 렌트를 주기 위해 처음 상태로 깨끗이 하는 데 들어가는 비용(수리, 청소, 교체 등등)을 이 security deposit에서 쓰기 때문이다. 최악의 경우 돈을 더 물어낼 수도 있다.
- 이사 나간 후 상당 기간이 지나서야 새 주소로 check를 보내준다.
- 수리할 것이 있다면 살고 있는 동안 미리미리 요청해서 고쳐놓는다.

- 벽이나 천장에 달아놓은 것은 모두 떼고 구멍을 막는다.
- 못 구멍, 회벽에 파인 흔적 등을 막는다. Home Depot 같은 store에 서 'putty'를 구입해 못 구멍에 바르고 못 쓰는 credit card 같은 것 으로 표면을 긁어서 매끈하게 만들면 된다.
- 부엌, 화장실에 끊어진 전구를 갈아놓는다.
- 벽에 다른 색깔의 페인트를 칠하고 살았다면 처음의 색으로 다시 칠 한다(대부분의 아파트는 흰색이다).
- 냉장고, 기타 부엌 가전제품을 청소한다. burner bowl(가스레인지 국물받이 버너캡)도 너무 더러워졌다면 새로 교체한다. grocery mar-ket의 kitchen accessory corner에 가면 있는데, 사이즈가 다양하므 로 미리 확인한다.
- 억울한 것을 charge했다면, 처음 입주할 때 작성한 inspection sheet 와 대조해 어필한다.

## •°• 콘도, 타운홈, 하우스의 렌트

- 아파트가 제일 손쉽고 편하지만, 또 다른 형태의 집을 렌트해 미국 생활을 경험할 수 있다.
- 아파트는 개인보다는 회사에서 소유하기 때문에 정해진 규정이 자 세한 반면, 까다롭고 바꿀 수 있는 여지가 없다. 콘도, 타운홈, 하우 스는 대개 개인에게서 빌리는 것이므로 규정이 주인마다 다를 수 있 지만, 주인과 잘 협의하면 여러 가지 편의를 제공받을 수도 있다.
- 아파트 빌릴 때는 없던 사항들, 즉 utility(특히 물값), 정원 관리 등에 대해 합의해야 하는 경우가 있다.

**burner bowl**
: 가스레인지 국물받이 버너캡.

슈퍼(식료품 마켓)
**grocery market**

• 대학 도시의 경우, 특히 학기가 시작되기 전인 8월에 가장 비싸다. 가능하면 하루라도 빨리 미국에 들어와 집을 구한다. 학기가 끝나가는 3월부터 6월까지는 빈집이 많다. 이때 이사하면 좀 더 좋은 가격에 옮길 수 있다.

• 학부생(undergraduates)이 많은 곳은 시끄러울 수도 있다(주말마다 파티도 많고, 음악도 크게 틀어놓고, 시설도 엉망으로 쓴다는 것이 일반적인 견해다).

• 어린아이가 있다면 1층이 좋다. 미국 집들은 거의 나무로 지어 조금만 뛰어도 아래층에서는 매우 시끄럽고, 이웃이 신고도 잘하는 편이다. 신고가 세 번 이상 들어오면 아파트에서 내쫓길 수도 있다.

• 아파트마다 규정이 다르지만, 가족 수에 따라 기준이 정해져 있기도 하다. 즉, 2 bedroom에 다섯 식구가 렌트한다면 렌트를 해주지 않거나 렌트비를 조금 더 내라고 할 수도 있다.

• 냉장고가 있는 곳이 좋다. 냉장고는 이사 다닐 때 큰 짐이다.

• 미국 집은 방의 천장에 등이 없는 경우가 많다. 대신 스탠드 조명을 많이 이용한다. 등도 없는데 벽에 뜬금없이 스위치가 있다고 의아해할 필요는 없다. 스위치는 콘센트에 연결되어 조명등의 플러그를 꽂아 연결해 쓸 수 있게 만들어놓은 것이니까.

• 세탁기와 건조기가 unit마다 있으면 제일 좋겠지만, 최소한 단지 내에 세탁실(laundry room)이 있는 곳이 편하다(특히 어린아이가 있을 경우).

• Sublet : 리스 기간이 남아 있는 채로 다른 사람에게 나의 리스를 전대하는 것을 말하는데, 집 주인에 따라 이를 금하는 경우가 많으니 잘 알아봐야 한다(sublet을 줄 때와 sublet을 얻어 살 경우 모두).

• 대부분의 아파트에서 입주자는 지정된 주차 자리에만 차를 세워야 한다. 방문객은 guest parking spot에만 세워야 하므로, 친구가 내 집에 놀러 왔다가 주차 위반 티켓을 받지 않도록 주의한다.

• 물값과 쓰레기 치우는 값을 따로 받지 않는 아파트가 많다.

• 학생 비자나 취업 비자로 또 영주권으로 거주하는 외국인은 이사를 가면 10일 이내에 이민국에 주소의 변경(change of address)을 알려야 한다. 아니면 벌금을 내거나 수감되거나 추방될 수도 있다고 한다. AR-11이라는 form을 작성해서 보내면 되는데, 이민국 웹사이트에서 찾을 수 있다.
www.uscis.gov에 들어가 Alien's Change of Address Card를 찾는다.

**alien**
ET만이 에일리언이 아니다. 미국 시민이 아닌 사람은 모두 에일리언이라고 한다.

# 집의 평면도와 용어

2 bedroom apartment

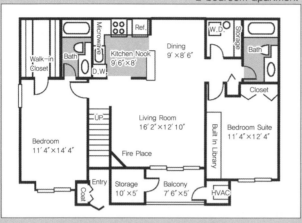

| | |
|---|---|
| **bedroom** ◎ 침실 | **DW - dishwasher** ◎ 설거지 기계 |
| **living room** ◎ 거실 | **W. D. - Washer & Dryer** ◎ 세탁기와 건조기 |
| **bathroom** ◎ 화장실 | **counter top** ◎ 싱크대 선반 |
| **dining room** ◎ 식당 | **bath tub** ◎ 욕조 |
| **kitchen** ◎ 부엌 | **faucet, tab** ◎ 수도꼭지 |
| **entry, foyer** ◎ 현관 | **light fixture** ◎ 등 |
| **hallway** ◎ 복도 | **window screen** ◎ 모기장 |
| **basement** ◎ 지하실 | **walk-in closet** |
| **storage** ◎ 창고 | ◎ 걸어 들어갈 수 있는 벽장(드레스룸) |
| **closet** ◎ 벽장 | **window treatment** |
| **built-in** ◎ 붙박이 | ◎ 창문을 가리는 커튼, 블라인드, 버티컬 등 |
| **pantry** ◎ 식료품 창고 | |
| **fireplace** ◎ 벽난로 | |

## O2
# 전화

## ∷ 전화번호 읽기

 Word

### ❶ 일반적인 전화번호

예)  2 1 3  -  1 2 3  -  4 5 6 7
　　지역 번호　　　국번　　　전화번호

area code(지역 번호)는 인접한 지역이 같은 번호를 쓰지만, 인구에 따라 한 city도 2~3개의 다른 지역 번호가 있을 수 있고, 많은 city가 같은 지역 번호를 쓰기도 한다.

전화번호를 불러줄 때는 숫자 그대로 two one three one two three four five six seven이라고 하면 된다.

전화
**telephone**
: 간단히 phone이라고도
　한다.

전화번호
**phone number**

지역 번호
**area code**

### ❷ 수신자 부담 전화번호(toll free number)

예)　1-800-xxxx, 1-888-xxxx 등

### ❸ 문자가 섞인 전화번호

예)　1-800-GO-FEDEX

광고에서 많이 접하는 번호로, 소비자가 기억하기 쉽게 만든 방법이다. 전화기 숫자판에 적힌 알파벳을 따라가면 된다. 즉, G는 4, O는 6, F는 3. 이런 식으로 찾아서 걸면 위의 전화는 1-800-463-3339이다.

## ❖ 전화번호부

• 내가 사는 지역의 전화번호부는 1년에 한 번씩 무료로 배달되지만, 타 지역의 것은 전화 회사에 신청하거나 지역 도서관에서 볼 수 있다.
• 전화번호 안내는 411이다. area code가 다른 지역의 전화 번호 문의는 1-area code-555-1212이다.

## ❖ 전화 걸기 지역 구분

• local call : 나랑 지역 번호가 같은 가까운 거리.
• extended local / in state long distance : 같은 지역 번호를 쓰지만, 거리상 멀어서 local로 볼 수 없는 경우. local call과 전화 요금에 차이가 난다.
• state-to-state long distance : 다른 주로 거는 전화.
• international long distance : 국제 전화.

## :• 집에서 전화 걸기

### ❶ Local Call

예)   213-987-6543  ◐  987 6543만 돌린다.

### ❷ Extended Local/Long Distance Call

예)   310-765-4321  ◐  1을 먼저 누르고 지역 번호부터 모두 누른
다. 1 310 765 4321

### ❸ International Call

예)   서울 333-1234  ◐  국제 전화 코드 011, 한국 국가 번호 82
서울 지역 번호 2(한국에서는 02이지만,
이때 0은 누르지 않는다. 다른 지역도 마찬
가지이다). 즉, 011 82 2 333 1234 이
렇게 누르면 된다.

## :• 한국에 전화하기

• 집 전화에 long distance call service를 신청한 경우(AT&T, Sprint
등), 위의 방법으로 전화를 한다. 요즘은 전화 카드 및 인터넷 전화
등 더 저렴하게 국제 전화를 걸 수 있는 방법이 많아서 굳이 이것을
선택할 필요는 없다.

예)   AT&T

집 전화
**landline,
home phone**

전화를 걸다
**make a (phone)
call**

번호를 돌리다
**dial the number**

전화를 받다
**answer the phone**

전화를 끊다
**hang up the
phone**

93

전화

현지인이 직접 전하는 미국 생활 INFO

- 한국에 특별 요금을 적용하는 통신사의 전화 카드를 이용한다. 전화 카드는 한인 마켓에서 구입할 수 있다. 인터넷이나 전화로도 카드를 구입할 수 있고, 잔액을 충전해서 계속 쓸 수 있다.

  예)  KT card

- 최근 한국에서 소개되고 있는 인터넷 전화 단말기를 미국에 가져와 서 인터넷을 이용해 한국과 통화할 수 있다. 이를 사용하려면 한국을 떠나기 전 미리 알아보고 준비해 온다.

  예)  myLG070, SK Broad Band

## ∴ 공중전화 걸기

### ❶ Local Call
공중전화기에 25cent나 35cent를 넣으라고 적혀 있다.

공중전화
**pay phone,
public phone**

### ❷ Extended Local / Long Distance / International
동전을 넣기 전에 1—지역 번호—국번—전화번호를 모두 누르면, operator가 "Please deposit 75cents for this number you dialed for the next 3 minutes and hang up and dial again." 하는 식으로 알려 준다. 그러면 전화를 끊고 75cents를 넣은 다음 다시 번호를 모두 누 르면 된다.

입금, 예금, 적립
**deposit**

### ❸ Prepaid Phone Card(전화 카드)로 걸기
카드의 접속 번호(보통은 1-800 같은 수신자 부담 번호로 시작함)를 누 르고, 카드의 pin number(전화 카드 번호)를 누른 다음 전화번호를 누른다.

### ❹ 공중전화에서 전화 받기

전화기마다 번호가 적혀 있으므로 그 번호를 알려준다. 상대방이 걸면, 기다리고 있다가 전화를 받으면 된다.

## ∴ 집 전화 신청하기

- **전화 회사** : 일반적으로 그 지역을 담당하는 전화 회사가 있다. 처음 아파트를 렌트할 때 주인(landlord)이나 관리 사무실(office)에서 알려준다.
- 인터넷, 전화로 신청하거나 근처에 있는 전화 회사 사무실에 직접 가면 신규 전화 신청 부스가 마련되어 있다.
- 전화번호는 한두 가지 중에서 선택할 수 있게 해준다.
- 전화번호부에 내 이름과 전화번호를 올리고 싶지 않으면 이를 요청할 수 있는데, 이 경우 돈을 내라고 하기도 한다(◉ 자세한 내용은 'Utility' 참조).

## ∴ 휴대폰

### ❶ 한국과 다른 점

- 거는 전화뿐 아니라 받는 전화도 요금을 낸다.
- 통화 시간의 구분이 있어 통화료에 차이가 있을 수 있다.

  airtime : 평일(월~금요일) 낮 시간. 통신사마다 차이는 있으나 대략 6:00 am에서 9:00 pm 정도의 시간대.

  night & weekend : airtime 이외의 시간대.

휴대폰
**cellular phone**
: 간단히 cell이라고도 한다.

받는 전화
**incoming phone call**

거는 전화
**outgoing phone call**

※ 무료의 의미는 정액
제로 쓸 때, 약정한
airtime의 분(minutes)
에 포함되지 않는다는
뜻이다.

통신사
**wireless carrier**

- 월 정액제로 쓸 경우, night & weekend의 통화는 무료*이다.
- 보통은 같은 통신사 가입자끼리의 통화는 무료*이다.
- 월 정액제를 보편적으로 많이 쓴다.
- 전화번호는 지역 번호 － 국번 － 전화번호로 되어 있다.

## ② 통신사(Carrier)

대표적인 AT&T, Sprint, Nextel, T-Mobile, Verizon 외에도 매우
많다.

## ③ 어디에 가서 살까

- 통신사 자체 대리점.
- 대형 마트(Walmart, Target, Costco, Sam's Club 등).
- 전자제품 전문 매장(Best Buy 등).
- cellular phone 전문 매장 : 한 가게에서 여러 통신사 제품을 취급
한다.
- 대형 문구점(Office Depot, Office Max, Staples 등).

Cellular phone 전문 매장

통신사 자체 대리점

## ④ Plan 종류

통신사마다 다양하지만 가장 일반적인 경우 몇 가지만 소개한다.

### 1) 정액제

• 월별로 정해진 통화 시간(minutes)과 통화료 안에서 무제한 쓸 수 있다.

> 예)   월 450분 $39.99   ○   1개월에 $39.99만 내면 airtime 450분
> 까지 쓸 수 있다.

• night & weekend의 통화는 450분에서 제하지 않고 무제한 쓸 수 있다.

• 일반적으로 음성사서함(voice mail)이 포함되나 문자(text message)는 약
정 시 따로 책정한다.

• 대표적 정액제 plan

> A)   individual plan   ○   phone 1개, 번호 1개.
> B)   family plan   ○   같은 약정과 청구서로 최소 2명이 같이 쓴다.
> phone 2개, 번호 2개. 1명 추가될 때마다
> 정해진 금액을 더 낸다(물론 전화기와 번호도
> 추가로 준다).

### 2) 선불제(Prepay Plan)

• 일반 상점에서 파는 prepay phone을 사서 사용할 수 있다.

• credit check(신용 조사) 없이 사용할 수 있고, 계약 기간에 제약받을 필요
없이 통화 시간만큼만 지불한다. 전화기를 개통시켜 사용하고, 잔액은 계속
충전하면서 사용할 수 있다.

• 단기간 체류할 때 유용하지만, 일반적으로 정액제보다는 여러 가지 면에서
제약이 많다.

• 잔액의 충전 : 인터넷에서 credit card로 하거나, 통신사 대리점에서 할 수
있다.

전화 97

• 전화기 사용을 중단했을 때, 혹시 내 credit card나 은행 구좌에서 돈이 빠져나가지는 않는지 확인한다.

**⑤ 약정 시 주의점**

• ID(사진 있는 신분증) 지참.
• 신용 조사를 하는데, 처음 미국에 와서 credit가 없을 때는 보증금을 내거나 보증인을 요구한다.
• 약정서를 꼼꼼히 살피고, 장기 계약 기간(long-term contract)을 맺을 때는 특히 중간에 계약을 파기(early termination)할 경우를 잘 알아둔다.
• 전화기 값 외에 activation fee, tax 등이 붙는다.

장기 계약
**long-term contract**

단기 계약
**short-term contract**

# 전화 걸기 표현

## 수진 씨가 베키에게 전화를 한다

**수진**     May I speak to Becky Johnson?

베키 존슨 있습니까?

**Becky**     Yes, speaking.

= Yes, Becky speaking = Yes, this is she.

예, 제가 베키입니다.

## 수진 씨가 전화를 받는다

**수진**     Hello, This is the Hahn's residence.

여보세요, 한씨 집입니다.

**Mr. Gordon**     Can I talk to Mr. Hahn?

미스터 한 계십니까?

**수진**     He's not here. He'll be back after 6:00 pm.

= He'll be home at 6:00 pm

지금 없는데요. 오후 6시 이후에 집에 옵니다

Would you like to leave a message?

= Do you have a message for him? = May I take a message?

메시지 남기시겠어요?

**Mr. Gordon**     Yes. The meeting for tomorrow is cancelled.

내일 회의가 취소되었어요.

| 수진 | Okay, I'll let him know. Do you want him to call you back? |
| --- | --- |
| | 네, 그렇게 전할게요. 전화드리라고 할까요? |

| Mr. Gordon | Yes, please. I'd like to discuss the new schedule. |
| --- | --- |
| | 그렇게 해주세요. 새로운 스케줄에 대해 얘기하려고 하니까요. |

| 수진 | Okay, I'll have him call you back when he gets home. |
| --- | --- |
| | 네, 집에 오면 전화드리라고 할게요. |

## 내 전화 응답기에 greeting message를 녹음한다

★    미국에서는 개인 집이나 회사, 기관에서 응답기를 많이 쓰기 때문에 응답기에 녹음을 남길 일이 많다. 보통 전화기를 사면 거기에 메시지 녹음하는 예문이 있긴 하지만, 다양하게 취향대로 녹음할 수 있다.

This is the Hahn's residence. Thanks for calling.
Please leave your message after the beep.

한씨 집입니다. 전화 주셔서 고맙습니다. 신호음이 울리면 메시지를 남겨주세요.

This is Soojin Kim. I'm not able to answer the phone right now.
Please leave your name, phone number and message.
I'll call you back as soon as possible.
Thank you.

수진 김입니다. 지금은 전화를 받을 수 없으니 이름, 전화번호와 메시지를 남겨주세요.

가능하면 빨리 전화드리겠습니다.

## 상대방의 전화 응답기에 메세지를 남긴다

★    전화했을 때 answering machine이 돌아가면 당황하게 되고 무슨 말을 해야 할지 생각이 안 나기도 한다. 전화하기 전에 미리 메시지로 남길 내용을 생각하고 걸면 도움이 된다.

Hello, This is Soojin Kim.
I'm interested in attending the luncheon this Friday.
여보세요, 수진 김입니다. 오는 금요일의 오찬에 참가하고 싶어요.

Please put my name on your list.
리스트에 내 이름을 올려주세요.

If you have any questions, please call me at 213-456-7890
다른 궁금한 점은 213-456-7890으로 전화 주세요.

My last name is kim, K, I, M and my first name is Soojin,
S, O, O, J, I, N.
내 성은 김, 케이 아이 엠이고 이름은 수진, 에스 오 오 제이 아이 엔입니다.

Thank you.

## 수진 씨가 병원 예약 전화를 한다

| 수진 | I'd like to make an appointment for my regular check-up.<br>정기 검진 예약을 하고 싶습니다. |
| --- | --- |
| Receptionis | Who is your physician?<br>담당 의사가 누구시죠? |

| 수진 | Dr. Brown.<br>브라운 씨입니다 |
|---|---|
| Receptionis | What date is good for you?<br>무슨 요일이 좋습니까? |
| 수진 | Monday, Wednesday and Friday mornings are good for me.<br>월요일, 수요일, 금요일 오전이 좋아요. |
| Receptionis | There's an opening on Monday, May 2nd. at 11 am.<br>5월 2일 월요일 11시에 시간이 있습니다. |
| 수진 | Is there anything earlier on that day?<br>그날 더 이른 시간은 없나요? |
| Receptionis | Let me see. 8 am is available.<br>어디 봅시다. 아침 8시 가능합니다. |
| 수진 | Okay. I'll take that.<br>좋아요. 그 시간으로 하겠어요. |
| Receptionis | Okay. You are scheduled on Monday May 2nd. at 8 am.<br>좋아요. 5월 2일 아침 8시로 예약되었습니다. |
| 수진 | Thank you. |
| Receptionis | Thank you. |

※ 전화 응답기 **answering machine** / 인사말, 서두 문구 **greeting** / 한국 이름은 미국인에게 매우 생소
하다. 스펠을 불러줄 일이 많은데, 혼동하기 쉬운 자음은 N as in Nancy(낸시 할 때 N)와 같이 이야기한다.

# 03
# Utility 전기 · 전화 · 가스 · 상하수도…

## 신청 시 알아둘 일

- 지역마다 전기, 가스, 집 전화를 담당하는 회사가 정해져 있다.
- 연락처는 아파트 매니저나 집주인, 이웃에 물어봐도 되고 yellow page(전화번호부)에도 나와 있다.
- 신청 시는 social number, driver license number, state ID number 중 하나만 있으면 되고, 이름, 주소, 전화번호와 원하는 서비스 시작일을 알려주면 된다. social number가 없으면 간혹 신용카드 번호를 물어보기도 한다(한국의 신용카드도 무방하다).
- 전화로 신청할 때는 가능하면 아침 일찍 한다. 전화를 잡고 오래 기다려야 할 수도 있다(hold on the line).
- 전화했을 때 사람이 직접 받는 경우는 드물다. 버튼을 눌러서 원하는 서비스를 선택해야 하고 맨 마지막에나 사람과 직접 통화할 수 있다.
- 한국 사람이 많이 사는 곳에서는 한국어 서비스도 있다.

### Word

**utility**
: 전기, 가스 전화, 물 등의 공익 시설.

공과금
**utility bill**

청구서
**bill**

전기
**electricity**

가스
**gas**
: 정확하게는 natural gas.

- 보통 bill은 한 달에 한 번씩 나오는데, new customer에게는 security deposit이나 new service charge와 같이 월 사용료 외에 다른 비용이 더 붙을 수 있다. 신청 시에 이를 알려주는데, 처음 한두 달은 고지서를 받았을 때 잘 살펴본다.

- 별문제 없이 공과금을 잘 지불하고 썼으면, 이사를 가거나 서비스를 끊을 때 deposit을 돌려받을 수 있다. 돌려받는 데 몇 주 정도가 걸린다.

- 원하는 서비스 시작일에서 여유 있게 미리 신청한다. 오늘 전화해 내일부터 하겠다고 하는 건 이 나라에선 거의 불가능하다.

## 전기, 가스

- 한국에 비해 미국의 전기비는 가스비보다 더 비싸지 않다. 취사 및 냉난방을 모두 전기로 하는 집들도 많아 가스 라인이 아예 연결되지 않은 집들도 있다.

- 그 지역을 담당하는 전기 회사와 가스 회사가 있다(선택 불가).

- 가까운 branch office에 직접 가서 신청하거나 전화로 신청할 수 있다. 요즘은 많은 회사가 인터넷 신청도 받는다.

- 새로 지은 집이 아니라면, 대부분 전기나 가스 라인이 이미 들어와 있어 특별히 직원이 오거나 할 필요 없이 원하는 날부터 내 이름으로 전기비나 가스비가 청구된다.

- 설치(installation)가 필요하면 날짜를 약속한다.

- 일반적으로 110V를 쓴다.

## ∴ 전화, 인터넷, 케이블

- 전화 회사나 케이블 회사에서 package로 집 전화, 인터넷, 휴대폰을 묶어 파는 상품이 많이 나와 있다.
- 그 지역의 전화 회사, 케이블(cable TV와 internet) 회사가 정해져 있다.
- 전화 회사에서 다양한 유료 부가 서비스를 제공하고 있는데, 처음엔 가장 간단한 local call만 신청하는 것이 좋다. 대부분의 사람이 휴대폰까지 갖추기 때문에 집 전화는 많이 안 쓰는 추세이니, 추가 비용이 드는 부가 서비스 신청은 신중히 고려한다.
- 몇 년 전부터 미국에서도 인터넷 전화가 많이 소개되고 있다.

  예)   Skype, Vonage, Comcast

- 케이블은 설치(installation)가 필요하므로 날짜를 약속한다.
- 케이블 TV 대신 위성 방송(satellite)을 신청할 수도 있다.
  Dish network(dishnetwork.com)와 DirecTV(directv.com)가 대표적인 위성 TV 회사이다.
- 미국은 공중파 방송은 별로 볼 것이 없고, 국토가 워낙 넓다 보니 지역에 따라 케이블이 없으면 수신이 잘 안 되는 곳도 있다.
- 케이블은 인터넷 speed에 따라, 원하는 TV 채널에 따라 선택 사항과 가격이 다양하기 때문에 미리 꼼꼼히 조사를 한 후에 신청하는 것이 좋다.
- 모뎀, 케이블 박스 등 필요한 장비는 일정 계약 기간을 맺으면 무료로 빌려주는 것, 우선은 구입했다가 나중에 refund해주는 것 등 여러 가지 선택이 있을 수 있다.

수신 번호 확인
**caller ID**

자동 전송 전화 서비스
**call forwarding**

통화 중 대기
**call waiting**

전화 회의
**conference call**

음성 사서함(메시지 저장)
**voicemail**

인터넷 전화
**internet phone,
digital voice,
VoIP**(Voice Over
Internet Protocol)

위성 TV
**satellite TV**
: 간단히 dish라고도 부른다.

한자까지 직접 전하는 미국 생활 INFO

## ∙∙ 상수도, 하수도, 쓰레기

- 아파트 렌트비에 이 비용이 포함되어 있는 곳도 많다. 콘도, 하우스 등을 빌릴 때는 집주인과 상하수도 요금, 쓰레기 수거 비용에 대해 미리 합의한다.
- 아파트에 따라 일률적으로 현재 사는 가구 수로 나누어 bill을 거주 자에게 청구하는 곳도 있다.
- 내가 내야 하는 경우는 연락을 해서 내 이름으로 bill을 신청한다.
- 지역에 따라 다르나 보통은 1~3개월 단위로 bill이 나온다.
- 상하수도는 보통 city나 county에서 담당한다.
- 쓰레기 수거는 지역에 따라 다른데, city에서 담당할 수도 있고, 주민 이 각자 개별적인 회사를 정해야 하는 경우도 있다.
- 한국처럼 정해진, 특정한 쓰레기 봉투만 써야 하는 것은 아니지만, 쓰레기 봉투에 넣어 깔끔하게 버리는 게 좋다.
- 쓰레기 분리수거의 강제성은 없지만, 재활용과 일반 쓰레기는 따로 버릴 수 있게 되어 있다.

상수도
**water**

하수도
**sewer**

쓰레기
**garbage, trash**

재활용
**recycle**

## ∙∙ 공과금 내기

은행에서 공과금을 받지 않으므로 다음 중 한 가지를 택한다.

- check로 써서 우편으로 보낸다.
- 직접 가서 낸다.
- 자동 이체.
- credit card(안 받는 회사도 있다).
- 전화(내 은행 구좌 번호나 credit card 번호를 불러준다).

## Sample 전기 요금 고지서

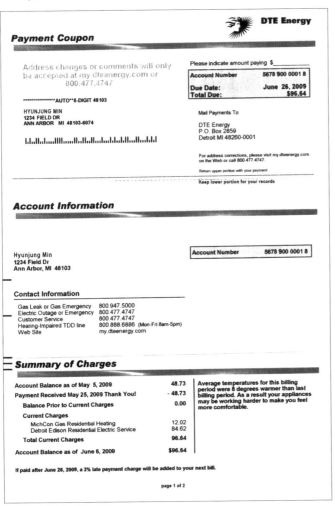

• 특별히 지정하지 않는 한 모든 bill은 우편으로 온다.

• check로 보낼 때는 bill 중에서 다시 보내야 하는 부분을 떼어서 check와 함께 동봉되어온 봉투에 넣어 보내면 된다. 보통은 마감일 (due date) 1주일 전에는 보내야 안전하게 마감일 전에 받아서 처리

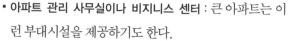
가 된다(○ check 쓰기는 '은행' 참조).

• 자동 이체, credit card, 전화로 지불할 때 수수료가 붙을 수도 있으니 사전에 물어본다.

## ❖ 인터넷이 연결되기 전 인터넷 사용

각종 서비스를 인터넷으로 신청하면 영어로 전화해야 하는 부담도 없고, 수화기를 들고 기다릴 필요도 없고, 기록이 남으니 좋다. 그럼, PC방이 없는 미국에서 인터넷이 연결되기 전에 어디 가서 인터넷 서비스를 신청할까?

• **공공 도서관** : 각 도시에는 공공 도서관이 있어 인터넷 이용과 프린트 등을 할 수 있다. 도서관 카드를 만들면 자료의 대출이 가능한데, 카드를 만들 때는 보통 그 도시에 거주한다는 증명이 필요하다.

• **아파트 관리 사무실이나 비지니스 센터** : 큰 아파트는 이런 부대시설을 제공하기도 한다.

• **coffee shop** : Starbucks 같은 많은 전문점에 전원 플러그와 무선 인터넷이 들어와 있으므로 노트북 컴퓨터를 가져가면 이곳에서 인터넷을 사용할 수 있다.

• 도서관이나 비지니스 센터의 컴퓨터를 이용해 각종 서비스를 신청할 때는 본인의 신상 정보가 남지 않도록 주의한다.

# 서비스의 신청 및 공과금 문의

## I need to have my electricity connected/started/begun on August 15th.
8월 15일부터 전기를 연결해주세요.

## I'm a new customer.
신규입니다.

## How much is the deposit/installation fee?
보증금/가설비는 얼마인가요?

## Can I get my deposit back?
보증금을 돌려받을 수 있나요?

## When will you refund my deposit?
언제 보증금을 돌려줍니까?

## To whom do I make the check out to?
체크를 누구 앞으로 쓰나요?

## I have questions about my gas bill.
가스 요금에 질문이 있는데요.

## What is this seventeen dollars and 20 cents charge on my account?
내 구좌에 청구된 17달러 20센트는 무엇인가요?

## Will you give me credit for this?
이것에 대해 환불해줄 건가요?

**Will the credit be reflected on my next bill?**

다음 달 고지서에 가산되어 나올 건가요?

**I'd like to discontinue my electricity service on June 3rd.**

전기를 6월 3일에 끊고 싶어요.

**I'd like to transfer my phone service to my new address.**

전화를 새 주소로 이전하고 싶어요.

**I'll be out of state and I am going to close all of my bank accounts. I have no way to get my deposit back. Can you make the check out to my friend?**

미국을 떠날 예정이고 모든 은행 구좌도 닫을 거예요. 내 보증금을 받을 방법이 없는데,

내 친구 이름으로 체크를 보내줄 수 있나요?

# 04
# 주소

## 📑 주소 읽기

 Word

100 Central Ave. # 101
Los Angeles, CA 90027

- 캘리포니아 주 로스앤젤레스 시 Central 애버뉴 100번지의 아파트 101호에 산다는 뜻이다.
- 미국 주소는 항상 길 이름 앞의 번지수로 시작한다.
- 번지수 뒤에는 길 이름이 온다.
- 아파트 번호가 그 뒤에 오는데, 아파트에 이름이 있긴 하지만, 이를 주소에 쓰지는 않다
- 시 이름 뒤에는 항상 콤마를 붙인다.
- 주 이름은 미국의 50개 주가 모두 알파벳 대문자 2개의 약자로 표시된다(◑ '한국을 떠나기 전'의 표 참조).

번지수
**street number**

길 이름
**street name**

시 이름
**city name**

우편번호
**zip code**

현지인이 직접 전하는 미국 생활 INFO

- 마지막 5자리 숫자는 우편번호(zip code)인데, 꼭 써야 하며, 여러 가지로 이를 물어보는 일이 있다.

## ∷ 행정 구역

- 미국의 기본 행정 단위는 시(city)이다. 많은 city들이 모여서 카운티 (county)를 이루고 카운티들이 모여 주(state)를 이룬다. 위에서 본 바와 같이 주소에 카운티는 표기하지 않는다. 인구가 적거나 해서 city 가 안 된 곳은 township 등의 이름으로 쓴다.
- 미국은 주 정부가 자치적으로 하는 일이 많아서 주마다 법도 조금씩 다르고 세제도 다르다. 뿐만 아니라 같은 주 안에서도 카운티마다, 혹은 시마다 세금이라든지 복지 혜택 등에 차이가 있기도 하다.

## ∷ 우체국 사서함

우체국 사서함
**P.O.Box**

주소가 P.O.Box 123과 같이 사서함 주소로 되어 있는 경우도 있다.
우체국마다 사서함이 있어 일정액을 지불하고 이를 사용할 수 있다.

*Tip* 번지수
- 같은 길에서 번지수가 한쪽 편은 짝수로 나가고, 다른 한쪽 편은 홀수로 나간다.
- 계속 연속되는 숫자는 아니라서 100번지 바로 옆집이 102번지가 아니고, 104번지일 수도 있다.

# 05
# 우체국

## 한국과 다른 점

- 우체국에서 공과금 등을 받지 않는다.
- 우체국에서 포장을 해주지 않는다.
- 우체국에서 우편물 포장 관련 이외의 물건은 거의 팔지 않는다.
- 배편을 이용해 해외로 보내는 방법이 없다(air mail만 가능).

## 우편물 구분

### ❶ 배달 지역별 구분
- 국내(domestic mailing/domestic shipping)
- 국제(international mailing/international shipping)

 Word

항공우편
**air mail**

육상, 해상 우편
**surface mail**

우편, 우편물
**mail**

우송
**mailing**

배달(보편적 용어)
**delivery**

배송(물건 등의)
**shipping**

❷ **배달 속도별 구분**

- 특급(Express mail Ⓡ)
- 우등(Priority mail Ⓡ)
- 보통(First-class mail Ⓡ)

❸ **배달물 종류별 구분**

- 편지(letter)
- 소포(package)
- 엽서(post card)

## 우표

우표
**postage, stamp**

서류
**document**

**a book of stamps**
: 우표 20장.

**a roll of stamps**
: 우표 50장 혹은 100
  장이 coil로 감겨 있다.

**self adhesive
stamps**
: 스티커와 같이 뒷면에
  접착제가 붙어 있다.

**pane**
: 전지 우표(보통 수집용
  으로 쓰인다).

- **domestic** : 미국 내로 보내는 편지는 3.5온스(99.2그램)까지는 거리
  에 상관없이 44센트이다(1온스 = 28.35그램).
- **international** : 해외로 보내는 편지도 일정 무게까지는 98센트이다
  (인접 국가인 캐나다와 멕시코는 더 저렴하다).
- **post card** : 국내 작은 엽서는 28센트이고, 큰 엽서는 44센트, 해외
  는 98센트이다.
- **서류 봉투, 소포** : 무게와 거리에 따라 우편료가 다르므로 우체국에
  가서 부쳐야 한다.

## 특별한 배달 서비스

별도의 요금을 내고 특별한 서비스를 요청할 수 있다. 우체국에 이를
위한 별도의 양식이 비치되어 있다.

특별한 배달 서비스 신청 양식 (우체국에 비치되어 있다.)

- **certified of mailing** : 메일을 보냈다는 것을 증명할 수 있다.
- **certified mail** : 내가 보낸 메일에 부착된 우편물 번호(article number)를 조회해서 메일이 도착했는지 알아볼 수 있다.
- **insured mail** : 물건의 분실이나 파손에 대비해 보험을 든다.
- **delivery confirmation** : 내가 보낸 메일의 도착 날짜, 시간 등을 알 수 있다
- **signature confirmation** : 내가 보낸 메일의 도착 날짜, 시간을 알 수 있고 받는 사람이 서명을 해야 한다.
- **return receipt** : 내가 보낸 메일을 받았음을 증명하는 수신인의 서명과 날짜가 적힌 엽서를 받아볼 수 있다.
- **registered mail(등기)** : 가장 안전한 방법으로 메일을 보내는 순간부터 받는 순간까지의 자세한 사항을 조회할 수 있다. 2만 5000달러 보험 포함.

발송 증명 우편
**certified of mailing**

배달 증명 우편
**certified mail,
delivery confirmation,
signature confirmation**

등기우편
**registered mail**

*우체국 실내전경*

봉투
**envelope**

발송 우편물
**outgoing mail**

수신 우편물
**incoming mail**

우편함
**mail box**

## ∴ 우편물 보내기와 받기

### ❶ 미국 내 우편물 보내기

미국은 공과금, 카드 대금 등을 check로 써서 메일로 보낼 일이 많다. 그래서 우표도 한 번에 여러 장 사놓고 쓰는 것이 편리하다.

### 1) 편지

보통 규격 봉투는 domestic stamp를 붙여서 우체국에 가지 않고도 아파트 우편함의 outgoing mail에 넣어두면 우체부가 와서 가져간다. 주택에서는 자기 집 우편함에 넣고 옆의 빨간색 bar를 위로 올려두면, outgoing mail이 있다는 사인이므로 우체부가 집에 들를 때 가져간다. 간혹 outgoing mail

*우체국 외부전경*

box에서 메일을 꺼내 구좌 번호 등을 도용하는 사례가 있어 남이 함부로 열 수 있는 mail box에 우편물을 넣지 않는 사람도 많다.

봉투는 4 1/8 " X 9 1/2 " 와 3 5/8 " X 6 1/2 " 가 가장 널리 쓰인다.

무인 우편물 취급기

### 2) 소포

무게를 달아야 하기 때문에 우체국에 가져간다. 창구에 줄을 서서 우체국 직원의 도움을 받아도 되지만, 무인 우편물 취급기에서 직접 부칠 수도 있다. 여러 가지 mailing 용어가 익숙하지 않으면 좀 번거롭겠지만, 줄 서서 기다릴 필요 없이 직접 쓰는 게 편리하다.

무인 우편물 취급기
**automated postal center**

## ❷ 한국에 우편물 보내기

### 1) 편지

보통 규격의 봉투에 편지 한두 장 정도(1온스 = 28.35그램)를 넣었을 때는 98센트 우표를 붙이고 봉투에 AIR MAIL을 표기한 후 집 앞 우체통에 넣으면 된다.

집 앞의 우편함
흰색 우편함에는 outgoing mail이 있다는 의미로 빨간색 bar를 위로 올려둔다.

### 2) 소포

한국으로 가는 소포는 무게를 달아 배송비를 책정하기 때문에 우체국에 가서 부쳐야 한다. 일정 규격(가로 세로 높이의 합이 36인치, 즉 91.4센티미터) 이상의 부피일 때는 배송비가 더 나오므로 포장 시 주의한다.

### 3) 세관 신고서

해외로 가는 소포는 세관 신고서(custom form)를 작성해야 한다. 이 세관 신고서는 소포를 부칠 때 우체국 직원이 준다.

수취인
**addressee**

세관 신고서
**customs declaration form**

: 간단히 custom form이
라고 함.

소포의 내용      가격      보내는 사람 이름과 주소

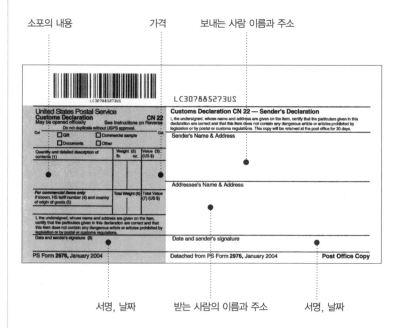

서명, 날짜    받는 사람의 이름과 주소    서명, 날짜

### 4) 한국 주소 쓰기(수취인 주소)

한국 주소의 영문 표기는 한국 우정국 웹사이트를 참고하자.

★ http://www.koreapost.go.kr/woopuns/domestic02_post5_2.jsp

예)    Kim, MinKyung
        종로구 종로1가 2-3
        Seoul, 110-121 KOREA

주소를 모두 영어로 써도 되지만, 수취인 이름, 도시, 나라 이름만 영어로 쓰
고 나머지는 한글(도착 국가의 언어)로 써도 된다.

### ❸ 우편물 받기

#### 1) 일상적인 우편물
우편함 안에 들어가는 우편물은 우체부가 놓고 가니까 가져오면 된다. 아파트
등 공동주택에는 보통 본인의 메일 박스용 열쇠가 있어 남이 맘대로 가져갈 수
없게 되어 있다.
우편함 안에 들어가지 않는 큰 소포(First-class mail, Priority mail)는 보통
집 앞에 놓거나 아파트 관리 사무실에 놓고 간다.

#### 2) 수신 확인을 요하는 우편물
수신인의 사인이 필요한 경우(Express mail, Certified mail 등) 우체부가 직
접 가져온 우편물을 받고 서명한다. 우편물에 적힌 이름이 아닐 경우도 일반적
으로는 서명을 하고 이름을 정자로 써서(print the name) 주면 된다.

#### 3) Pink Sheet
집에 아무도 없는데, 수취인의 서명이 필요한 경우는 분홍색 종이를 놓고 간
다. 앞면에는 배달 온 시간, 수신인 및 발신인, 발신지 등이 적혀 있다. 뒷면
에는 언제 다시 배달을 올 건지(delivery attempt) 아니면 몇 시 이후에 해당
우체국으로 찾으러 오라는 메시지가 있다.
Express mail도 두 번까지는 배달해주러 오는데, 이를 놓쳤을 경우에는 우

서명
**signature**
: 일반적으로 서명란은
X _____ 이
렇게 되어 있으므로,
X가 있는 선 위에 사
인을 한다.

이름을 정자로 쓰다
**print the name**
: 여기서 print는 또박또
박 쓰는 것을 의미한다
(사인할 때는 보통 흘려
쓰므로).

체부가 놓고 간 분홍색 종이를 가지고 우체국에 찾으러 가면 된다.

**① 집 앞에 놓고 가거나, 관리 사무소에 맡기라고 할 수도 있다**

다음 배달 올 때 집에 없으면 소포를 다시 우체국으로 가져간다. 이때는 우체국까지 찾으러 가야 하는데 이것이 번거로운 경우 pink sheet와 함께 내가 지정한 장소에 놓고 가라는 메모를 남긴다.

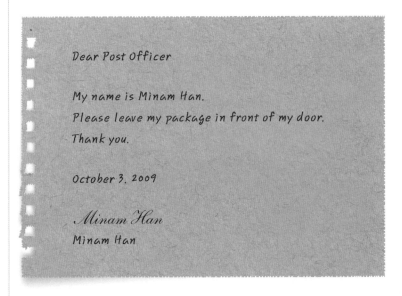

*Dear Post Officer*

*My name is Minam Han.*
*Please leave my package in front of my door.*
*Thank you.*

*October 3. 2009*

*Minam Han*
Minam Han

**② 우체국에 찾으러 갈 때**

• pink sheet와 우편물에 적힌 수신인 본인이 ID를 가지고 가서 창구에 줄을 서든가, 우체국에 따라서는 따로 마련된 창구(pick-up window)에 가서 찾는다.

• 다른 사람이 대신 갈 경우, 나 대신 아무개를 보내니 내 우편물을 내주라는 식의 메모를 써주면 된다. 이때 대신 가는 사람은 우체부가 남긴 pink sheet와 함께 반드시 ID를 가져가야 한다. 메모를 쓸 때 pick up하는

사람의 ID에 적힌 이름(스펠)을 잘 적는다.

Dear Post Officer

My name is Minam Han.
Please allow Soojin Kim pick up my package.
Thank you.

October 3, 2009

*Minam Han*
Minam Han

## ∙• 기타 우편 서비스

### ❶ 주소 이전(Change of Address/Mail Forwarding)

- 이사를 가거나 잠시 동안 다른 곳에서 우편물을 받고 싶을 때는 (mail forwarding), web site나 우체국에 있는 change of address form을 작성해서 낸다.
- 이사를 간 경우 보통 6개월 정도 먼저 주소로 온 메일을 새 주소로 보내주고, 다른 경우는 지정한 기간 동안만 forward해준다.

### ❷ 우편물 보관(Mail Holding Service)

- 휴가나 출장 등으로 장기간 집을 비울 때 우체국에 이 서비스를 신청하면 3일부터 30일까지 우편물을 우체국에서 보관해준다.

주소 이전
**change of address**

우편물 회송
**mail forwarding**

우편물 보관 및 발송 보류
**mail holding**

• web site나 우체국에 있는 hold mail form을 작성해서 내는데, 내가 찾으러 우체국에 갈 것인지(ID 지참), 나중에 한꺼번에 배달해 줄 것인지 지정할 수 있다.

### ❸ 우편환(Post Office Money Order)

우체국 우편환
**post office money order**

• 우체국에서 money order를 사서 우편으로 안전하게 돈을 보낼 수 있다.
• 수수료도 일반 은행보다 저렴하고, 현금뿐 아니라 크레디트 카드, 현금 카드, 여행자 수표로도 우편환을 살 수 있다.
• 우편환을 받았을 때는 아무 우체국이나 은행에 가서 현금으로 바꾸면 된다.

### ❹ 미국 여권 발행 업무(US Passport)

신청하다, 지원하다
**apply**

신청서
**application form**

신청료
**application fee**

• 여권 신청(applying for US passport) 업무를 해준다.
• 신청서(application form)와 사진, 신청 수수료를 준비한다.
• 신청서는 인터넷에서 다운받을 수도 있으니 미리 작성해 간다.
• 사진은 우체국에서 찍을 수 있는 시설이 마련된 곳도 있지만, 아닐 수도 있다. 사진을 가져갈 경우 여권 사진의 규격(2인치×2인치)을 확인한다.
• 신청료는 두 가지로 나뉘는데 현금이나 personal check를 준비한다(credit card나 debit card를 안 받는 경우가 있다).
• 미성년자 자녀의 여권 신청은 양쪽 부모가 모두 같이 가야 한다.
• 더 자세한 사항은 www.usps.com/passport에서 확인한다.

# ⠆ 사설 배달 서비스

## ❶ UPS, FEDEX, DHL

### 1) 장점

- 일반적으로 우체국(United State Postal Service)보다 분실 우려가 적다.
- 취급하는 곳이 많고 길게 줄을 설 필요가 없다.
- 포장 재료와 방법이 더 다양해 포장하기 간편하다.
- 포장도 해준다.

### 2) 단점

- 우체국보다 운송비가 비싸다.
- 일반 delivery는 월요일부터 금요일까지만 한다(우체국은 토요일도 한다).
- 대표적으로 Office Depot 같은 문구 전문점이나 Kinko's 같은 copy center에서 많이 취급한다.

## ❷ 한국 택배

- 요즘은 한국의 운송 회사들이 특별히 택배 업무를 하는 곳이 많아지고 있다.
- 현대해상, 대한통운 등에서 한국 배송을 담당하는데, 많이 보낼 경우는 우체국보다 저렴하다고 한다.
- 운송 회사들이 운송료를 산정할 때, 무게뿐 아니라 부피도 고려하기 때문에 포장 전에 잘 알아본다.
- 한국 사람이 별로 없는 작은 도시에는 없는 경우가 많다.

문구 전문점
**stationery store**
: Office Depot, Office Max, Staples가 대표적인 문구 전문점이다.

## 우체국에서의 대화

### 한국에 소포를 보낸다

**Soojin**
I'd like to send this package to South Korea.
이 소포를 한국에 보내고 싶은데요.

**Post office clerk**
How fast do you want it to go?
어떤 방법으로 보내길 원하나요?

**Soojin**
Can you show me the options?
어떤 방법이 좋은지 좀 알려주세요.

**Post office clerk**
Okay, let me weigh this for you.
그러죠, 무게를 달아봅시다.

It will take six to ten business days at 35 dollars and 48 cents by Priority Mail International. And, by First-class mail, it will take 10-14 days at 29 dollars and 50 cents.
Priority mail로는 6~10일 걸리고 35달러 48센트, First-Class mail로는 10~14일 걸리고 29달러 50센트입니다.

**Soojin**
I'd like to send it by Priority mail.
Priority mail로 보내겠어요.

**Post office clerk**
Do you want to buy insurance for this?
보험을 사시겠습니까?

**Soojin**
No, that's fine.
아니요, 괜찮아요..

| Post office clerk | You need to fill out this custom form. |
|---|---|
| | 이 세관 신고서를 작성하세요. |

| Post office clerk | Do you need anything else? |
|---|---|
| | 다른 건 필요하지 않습니까? |

| Soojin | Yes, may I have a book of stamps? |
|---|---|
| | 네, 우표 한 세트(20장) 주시겠어요? |

| Post office clerk | Here's your stamps and your total is 44 dollars and 28 cents. |
|---|---|
| | 여기 우표입니다. 합계는 44달러 28센트입니다. |

### 남편에게 온 소포를 찾으러 우체국에 간다

| | |
|---|---|
| Soojin | I'd like to pick up my package.<br>소포를 찾으려 하는데요. |
| Post office clerk | Do you have the pink sheet?<br>분홍색 종이가 있나요? |
| Soojin | Yes, here you are. The package is for my husband and here's the note from him.<br>여기 있어요. 그 소포가 남편에게 온 것이라 남편의 메모를 가져왔어요. |
| Post office clerk | May I have your ID, please?<br>신분증 좀 보여주실까요?<br><br>Wait a second, please. I'll get your package.<br>잠시만 기다리세요. 소포를 가져오겠습니다.<br><br>Here's your package. It's heavy.<br>여기 소포 있어요. 무겁네요.<br><br>Can you sign here, please?<br>여기 사인해주시겠어요? |
| Soojin | Thank you and have a good day.<br>감사합니다. 좋은 하루 되세요. |
| Post office clerk | Thank you. You, too.<br>감사합니다. 손님도요(손님도 좋은 하루 되세요). |

---

※ 사무원, 판매원 **clerk** / 우편물을 보내다 **send mail** / 무게 **weight** / 무게를 달다 **weigh** / 보험 **insurance** / (양식을) 작성하다 **fill out** / 우편물을 받다 **receive a mail**, **get a mail**

## 06
# 살림 장만

●　　　　　미국에 도착했다. 어디에 가서 무엇을 사야 할까? 한국의 재래시장과 같이 모든 가게가 모여 있는 곳은 없을까? 도매점은 없을까? 그릇 한 세트쯤은 유명 브랜드의 뉴 모델을 갖고 싶은데…. 생각만큼 살림 구입이 쉽지 않다. 같은 제품에도 매장에 따라 가격 차이가 나고 쿠폰도 많고 세일도 많은 이곳. 언제 어느 곳에 가서 물건을 사는 게 좋은지 알아보기로 하자.


## ∙• 마켓 고르기

Word

### ① Department Store(백화점)

Macy's/Lord & Taylor/Neiman Marcus/Nordstrom/
JCPenney/Barney's/Saks Fifth Avenue/Sears

할인 매장에 비해 다소 고가이기는 하나 sale 시기를 이용하면 매우 저렴한 가격에 좋은 물건을 고를 수 있다. 백화점 내에는 한국과 같이 직원이 많지 않다. 중간 중간 cashier가 있을 뿐이므로 도움 청할 일이 있으면 cashier에게 하면 된다.

### ② Outlet Store(상설 염가 할인 매장)
대형 할인 매장으로 한곳에 밀집해 있다. 웹사이트를 이용해서 가까운 아웃렛 매장을 검색해 찾거나 고속도로상에 있는 안내 센터에서 근처 아웃렛 매장의 팸플릿을 찾아볼 수 있다.

### ❸ Discount Store(잡화점형 할인 매장)

#### 1) Wal-Mart/Target/K-mart

일반 슈퍼마켓이나 백화점보다 저렴한 가격으로 매우 다양한 종류의 상품을 취급한다. 일용 잡화부터 간단한 가구까지 웬만한 살림 장만은 이곳만 들러도 가능할 것이다.

한국의 이마트와 비슷하지만, 식품(produce : 신선한 채소, 고기 등)은 취급하지 않는 곳이 많다. 슈퍼센터라고 해서 식품과 공산품을 모두 취급하는 곳도 있긴 하다. 부피가 큰 물건의 경우에 한해서 배달비를 받고 배달을 해준다.

#### 2) Marshall/TJ Maxx/Home Goods

신발, 인테리어 소품, 부엌용품, 침실용품을 주로 취급하는데, 유명 브랜드를 매우 싼값에 구입할 수 있지만 상품 구색이 일정하지 않다. 즉, 벼룩시장처럼 자주 들락거려야 좋은 물건을 싼값에 만날 수 있다.

### Tip 미국의 쇼핑몰

여러 백화점이 한 쇼핑몰 안에 있고, 백화점과 백화점 사이에는 많은 개별 브랜드 상점(specialty store)이 있다. 한국 백화점이 대부분 입점 브랜드로 이루어진 반면, 미국 백화점은 대부분의 상품을 백화점 바이어가 구매해 구성해놓기 때문에 여러 브랜드가 한 매장 안에 진열되어 있다. 또 다른 특징은 지하 식품부가 없다는 것이다.

④ **Warehouse(창고형 도매점)**

Costco/Sam's club

미국에 와서 제일 많이 들락거린 곳을 꼽으라면 단연 Sam's Club과 Costco다. 많은 양을 한꺼번에 사야 하므로 수납, 보관의 어려움이 있긴 하지만 저렴한 가격을 생각한다면 이 두 곳을 피해가기 어렵다. 연회비를 받는다.

⑤ **Grocery Market(식품 잡화점)**

식품을 위주로 파는 슈퍼마켓. 간단한 일용 잡화를 함께 판매한다. 전국적인 체인이지만 지역에 따라 상호를 달리하기도 한다. 한국과 달리 무료 배달은 안 된다. 다만 부피가 큰 물건의 경우는 배달비를 받고 배달을 해준다.

⑥ **Internet Mall(인터넷 쇼핑몰)**

배달된 물건이 깨져 있을 때에는 사진을 첨부하거나 깨진 물건을 다시 보내면 새것으로 교환받을 수 있다. 무료 배송은 많지 않다.

연회비
**annual member-ship fee**

129

침대
**bed**

옷장
**wardrobe**

서랍장
**drawer, dresser, chest**

소파
**sofa, couch**

*Tip* **Grocery Market**

미 서부에서는 주로 Albertson's, Ralph's 등이 있고, 중부엔 Meijer, Kroger 등이 있다. 때로는 미국 전역에서 볼 수 있는 식품점(Albertson's, Foodmart, Speedway 등)이 있기도 하다.

침대로 전환되는 소파
**sofa-bed**

탁자
**coffee table**

책장
**bookshelves**

식탁
**dining table**

식탁 의자
**dining chair**

양탄자
**area rug**

이불
**comforter, duvet, insert**

베개
**pillow**

## ∷ 제품별 상호 모음

### ❶ 종합 쇼핑몰

Bragain Outfitters/Bloomingdales/e-Bay/JCPenney/
Kohls/Overstock.com/Sam's Club/Sears/QVC.com

### ❷ 가구 인테리어

미국에서 가구로 유명한 주는 North Carolina이다. 여행 겸 노스캐
롤라이나에 직접 가서 구입하는 경우도 종종 봤는데, 가구점마다 다
르긴 하나 흥정이 가능한 곳이 많다.
미국 가정에선 어떤 가구를 어떻게 배치하고 사는지 궁금한 분들을
위해 노스캐롤라이나의 한 유명 가구점 웹사이트를 소개한다.

★ http://www.furniturelandsouth.com/index.php

Container Store/Crate and Barrel/Home Decorators/
Horchow/IKEA/Pottery Barn/Restoration Hardware

*Target 내 가구 인테리어 코너*

*디스카운트 스토어*

❸ 전자제품

amazon.com/
BestBuy/Sears/
Fry's.com/
RadioShack/
TigerDirect.com/
SONY/Staples/
TechDEPOT

주방용품 코너

❹ 주방용품

Bed Bath & Beyond/Home/Chefs /Kitchenetc/Linens
N Things/Shop World Kitchen/Williams Sonoma

❺ 침구류

- 침구류의 규격 사이즈가 브랜드마다 약간씩 차이를 보이기는 하
지만, 한국의 퀸 사이즈는 미국의 퀸 사이즈보다 약간 작다.

- 요즘은 한국식 이불이 많이 나오고 있다. 하지만 여전히 미국 사
람들은 우리가 호텔에서 보듯이 시트 위에 담요나 이불을 덮는 형
태로 이부자리를 많이 쓴다.

Bed Bath & Beyond/Designer's Linen Outlet/Home/
JCPenney/Kohls/Linens N Things/Linen Source

∴ Moving Sale, Garage Sale, Yard Sale

- 약간씩 의미는 다르지만, 본인이 쓰던 것을 내다 파는 것이다. 보통

**box spring**

: 매트리스와 거의 비슷
한 두께의 이 박스 스
프링을 놓고 그 위에
매트리스를 얹어서 침
대가 매우 높아진다.

매트리스 깔개
**mattress pad**

: 보통 얇은 누비 천으로
되어 있고 매트리스 위
에 깐다.

매트리스 커버
**fitted sheet**

: 가장자리에 고무줄이
있어 매트리스를 감쌀
수 있다.

**flat sheet**

: 호텔에서 많이 볼 수
있는 침대 시트. 이불
이 직접 피부에 닿지
않게 얇은 sheet를 사
이에 끼워서 자주
sheet만 세척할 수 있
도록 하는 침구.

**bed skirt**

: 매트리스 밑으로 늘어
져서 침대 다리가 보이
지 않게 장식하는 천.

*garage sale* 집 앞 driveway에 쓰던 물건을 내다놓고 판다.

**driveway**
: 집 차고로 들어가는 길.

은 집 앞 차고나 driveway, 마당에 물건을 늘어놓고 판다.

• 무빙 세일이 무조건 싸기만 한 것은 아니다. 저렴한 가격으로 물건을 내놓는 것이 일반적이지만, 고정 가격이 없는 만큼 의외로 비싸게 살 수도 있다.

• 파는 가격이 주인에 의해 정해진다면 사는 가격은 사는 사람에 의해 결정될 수도 있는 곳. 많이 둘러보고 얼마나 필요한지를 따진 후에 가격을 흥정하는 게 좋겠다.

• **estate sale** : garage sale과는 달리 집 전체를 내놓고 가능한 모든 물건을 파는데, 주로 소품과 가구뿐만 아니라 붙박이장도 원하면 흥정을 해서 판매한다. 대부분의 경우 고급 주택에서 진행되기 때문에 구경 삼아 들러볼 만하다.

*Tip* 처음 유학생으로 와서 작은 아파트 살림을 시작할 때에는 무빙 세일에서 장만한 살림들이 적잖이 도움이 된다. 봄이 되어 날씨가 풀리면 여기저기서 무빙 세일을 한다고 지역 신문에 소개되는데, 특히 노인들이 많이 거주하는 고급 콘도에서 무빙 세일을 한다는 광고가 나면 놓치지 말기 바란다. 할머니들의 해묵은 고급 애장품들이 고스란히 나오는 경우도 있고, 말만 잘하면 맘씨 좋은 노부부가 선뜻 매우 싼 가격에 팔기도 한다.

## :• 중고품 상점

- thrift store : 기부한 물건들로 상품을 구성해서 싼값에 중고 물건을 파는 곳이 많다. 옷가지부터 크고 작은 집안 살림까지 다양하다. 전국적이고 대표적인 상점은 Salvation Army thrift store, Saint Vincent de Paul center, Goodwill 등이 있고, 지역마다 다양한 종류의 중고품 상점이 있다. 전화번호부에서 찾아보면 된다.
- consignment store : 위탁자가 자신의 물건을 내놓고 상점의 주인은 그 판매액의 일정 부분을 위탁자에게 주는 방식으로 운영된다. 아이 옷이나 장난감 등 아이용품을 중심으로 이러한 상점이 많다.

## :• 쿠폰 쓰기

한 전업주부가 책을 냈다. 제목은 『쿠폰을 이용한 장보기법』. 이 책은 곧 베스트셀러가 되었고 일반 대중에게 쿠폰의 위력을 알렸다. 우편물이나 마켓에 지천으로 뿌려지는 쿠폰이 얼마나 도움이 될까 싶은 생각도 들지만, 이 책을 보면 한 달에 수백 달러까지 절약할 수 있단다.

중고품
**second hand goods, used goods**

133

위탁 판매
**consignment**

*Tip*   Sales Tax
물건 가격에 판매세가 포함되어 있지 않고, 지불할 때 따로 계산된다. 이 세금은 주마다 다르다. 음식의 경우, 레스토랑에서 사 먹을 때는 보통 이 세금이 붙지만, 마켓에서 구입한 식료품에는 붙이지 않는 주가 있고 붙이는 주도 있다.

**Word**

쿠폰
**coupon**

전단지
**flyer**

생산자 품질 보증
**manufacturer's
warranty**

하자 있는 물건
**product defect,
defective product,
lemon**

반품
**return**

교환
**exchange**

환불
**refund**

## 쿠폰을 구하는 방법

- 매장 입구에 비치된 판매 목록 속에 또는 근처에 쿠폰 용지가 있는지 확인한다.
- 집으로 들어오는 전단지 속에 있다.
- 아웃렛에서는 먼저 고객 서비스 센터에 가서 쿠폰북이 있는지를 확인한다. 화장실 앞쪽에 비치된 광고 용지들 속에도 쿠폰이 들어 있으니 살펴본다.
- 일요 신문 안에도 들어 있다. 신문을 구독하지 않아도 일요 신문만 따로 사거나 구독할 수 있다.

## 품질 보증 기간

미국에선 전자제품의 after service가 그다지 신통치 못하다. 그러나 정확히 warranty 기간 동안만큼은 문제가 발생했을 경우 새것으로 교환해 주거나 수리를 해준다. 단, 영수증을 제시하거나, 제품을 사고 나서 안에 들어 있는 warranty 신청 용지에 제품 번호를 적어 제조사로 보냈을 경우에만 해당한다. 신청 접수된 제품에 한해서 교환 또는 수리를 받을 수 있다. 전자제품은 1년 동안 생산자 품질 보증을 받을 수 있다.

## 반품 및 교환

새로 산 물건에 하자가 있을 때에는 물론이고 그저 맘에 들지 않을 경우에도 교환이 가능하다. 물건을 산 영수증 뒤에는 반품 기한이 return policy로 적혀 있는데, 각 상점마다 정해놓은 반품 기간만 넘기지 않으면 교환이 가능하다. 이때 영수증을 반드시 지참해야 하므로 영수증은 적어도 1년 이상 보관해두는 것이 좋다. 영수증이 없을 때는 그 상점에서만 쓸 수 있는 교환권(store credit)을 주기도 한다.

## ⁛ 차액 반환

sale 직전에 산 물건 가격이 sale로 인해 많이 떨어졌을 때 영수증을 가
져가면 세일 가격을 제한 차액을 돌려주는 제도. 영수증 뒷면을 보면
물건을 산 날로부터 며칠 동안 차액을 받을 수 있는지 그 기간이 명시
되어 있다. 그 기간 안에만 가면 된다.

## ⁛ 재고 정리 세일

tag 위에 빨간색 가격표를 붙이기 때문에 red tag sale이라고도 하며,
마지막 정리 세일이므로 가격이 가장 싼 반면 반품이나 교환이 불가능
할 수도 있다.

*Tip*

- 영수증 없이 반품할 때는 교환권(store credit)을 주는데, 그 제품이 세일 상품
  이면 세일 가격으로 교환권을 발행하기 때문에 경우에 따라서는 구입 가격보다
  더 낮은 보상을 받을 수도 있다.
- 반품 기한은 상점마다 다르지만 주로 3주에서 3개월까지이다.
- final sale, this is final 등의 표현은 반품이나 교환이 불가능하다는 소리
  이다.

• 같은 브랜드의 제품인 경우에도 매장마다 다소 가격 차 이가 있다. 백화점이나 디스카운트 스토어, 아웃렛몰에는 유명 브랜드 매장이 따로 있으므로 쉽게 가격 비교를 할 수 있지만, 그렇지 않은 경우 열심히 발품을 팔면 저렴하게 구입할 수 있다.

**We will beat any price!**
: 다른 가게에서 동일한 물건을 더 싼 가격에 파는 것을 보았을 경우, 얘기만 하면 그 가격에 판매를 한다는 뜻.

• 많은 미국의 소매점들은 일단 세일을 시작하면 시간이 지날수록 세일 폭이 점점 더 늘어난다. 처음 20%에서 몇 주, 몇 달 후에는 70%까지 할 수도 있다.

• 아주 단기간 체류할 것이라면, 가구 등 부피가 큰 살림은 빌려서 쓸 수 있다. 아니면 가구까지 포함한 아파트를 빌릴 수도 있다.

&#9733; www.rentacenter.com
   www.aaronrents.com

• 매장에 있는 것을 들고 오는 경우가 아니고, 주문하거나 다른 곳에서 가구를 가져올 경우에는 시간이 오래(몇 주까지도) 걸린다.

• 배송비가 한국에 비해 비싼 편이다. 특히 가구의 경우 무료 배송은 별로 없다.

episode
1

# Fire Alarm

바쁜 오후 시간, 저녁 식사 준비를 마치고 잠깐 숨을 돌리려던 영애 씨, 갑자기 숨이라도 넘어갈 듯 울려대는 경보음에 화들짝 놀라는데, 그건 다름 아닌 fire alarm system. 급히 눈을 돌려 바라본 가스톱 위에선 고등어 한 마리가 새까맣게 재가 되어가고 있었다.

새로 이사 온 아파트라 아직 옆집과도 서먹한데…. 옆집에서 듣고 걱정할까 싶어 얼른 창문을 열고 맞바람을 치게 할 생각으로 현관문도 열었는데…. Oh nooooooo!! 고등어를 태운 연기는 현관문을 밀고 쏜살같이 날아가 아파트 복도의 화재경보기에 안착하고 말았던 것…. 어쩔 것이냐….

동시다발적인 경보음은 아파트 한 동을 모조리 휩쓸며 행여 잠든 이라도 놓칠세라 멀리… 멀리… 퍼져나갔다.

창밖 아파트 마당에선 놀라 뛰쳐나온 이웃 주민들의 웅성거림이 들려오고….

자, 이젠 무엇부터 한다?

영애 씨는 혼자 조용히 생각하기 시작했다.

● 　　　　　　　한국에서 보던 외제 차가 미국에 가면 국산 차가 된다는 사실이 재밌기도 하고 그 많은 종류 중에서 선택해야 한다는 것이 머리 아프기도 하다. 미국살이 시작부터 자리 잡기까지 가장 큰 지출 중 하나이기도 하지만, 내 차가 생긴다는 것은 다분히 기분 좋은 일이다. 도로도 법규도 생소하지만, 미국 생활을 백배 즐길 관문으로 들어가는 길이 운전이기도 하다.

freeway의 많은 사인들

# 자동차

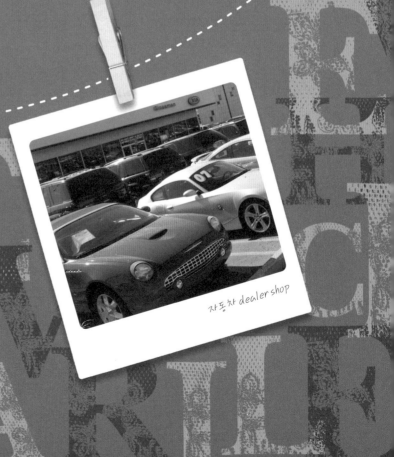

자동차 dealer shop

친절하게도, 미국 교통 표지판은 참으로 말이 많다. 처음 미국에서 운전을 시작하며 그 많은 표지판을 운전 중에 빨리빨리 읽어내기란 그리 쉬운 일이 아니다. 표지판 영어들이 눈에 쏙쏙 들어오지도 않거니와 읽다 보면 이미 지나치고 마는 낭패를 겪기도 한다.

OI
# 교통 표지판

● 친절하게도, 미국의 교통 표지판은 참으로 말이 많다. 처음에는 이런 영어들이 눈에 쏙쏙 들어오지도 않거니와 읽다 보면 이미 지나치기 일쑤이다. 우리가 한국에서 봐온 많은 표지판이 영어로 쓰여 있다고 보면 되지만, 그 중에서도 조금 생소한 것이나 꼭 알아두어야 할 것 몇 가지를 소개한다.

## ∴ 금지 사인

금지 사인은 보통 빨간색이다. 위의 세 가지는 모두 '진입 금지' 표시이다. YIELD는 말 그대로 '양보' 로 다른 방향에서 오는 차에게 우선권을 줘야 한다.

## ∴ STOP Sign

미국의 교통 법규 중에서 가장 엄격히 지켜야 할 것 중 하나이다.
이 sign이 붙은 교차로에선 반드시 stop sign 앞의 stop line에 서야
한다. 보행자나 나보다 먼저 stop line에 도착한 다른 차량에게 우선
권을 줘야 한다. 어느 방향에서든 보행자나 차가 없을 경우에도 반드
시 3초 동안 서서 좌우를 살핀 후 지나간다. 우선권은 stop line에 먼
저 도착한 순서대로 갖는다.

### ❶ 4 WAY STOP SIGN이 있는 교차로

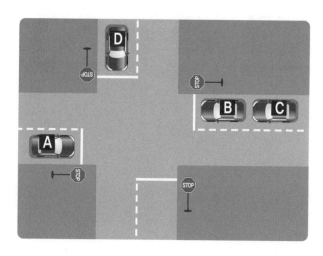

교차로에 차량이 A—B—C—D의 순서로 도착했다고 하자.

모든 차량은 일단 정지한 후 A가 먼저 출발한다. 이어서 B가 진행하면, C는 앞으로 나가 stop line에 선다. 이어서 D가 진행한다. 마지막으로 C가 진행한다. 즉, A—B—D—C의 순서로 출발한다.

※ C가 D보다 먼저 도착했다 하더라도, stop line 앞에 선 것은 B가 출발한 다음이므로 D보다 나중에 도착한 것으로 간주한다.

### ❷ 2 WAY STOP SIGN이 있는 교차로

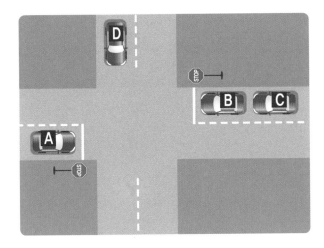

동서 방향으로만 stop sign이 있고 남북 방향은 없다.

이 경우 동서 방향의 차량은 남북 방향에 항상 우선권을 준다. 교차로에 A—B—C—D의 순서로 차량이 도착했다 하더라도 A, B, C는 일단 정지한 후, D가 지나간 다음 stop line에 도착한 순서대로 진행한다. 이때, D는 stop할 필요 없이 그냥 지나가면 된다. 즉 D—A—B—C의 순서로 출발한다. 보통은 stop sign 밑에 2-WAY라고 쓰여 있기도 하지만, 양쪽 모두 운전에 주의를 기울여야 한다.

## ∵ 경고 사인

운전에 주의하라는 경고 또는 앞으로 무엇이 나올 것이라고 미리 알려
주는 사인으로, 보통 노란색 바탕이 많다.

※ LANE ENDS MERGE LEFT : 앞에서 우측 차선이 없어지니 차량은 왼쪽으로
차선을 옮겨서 주행하라는 sign.

## ∵ 고속도로

• 고속도로는 highway, freeway 또는 expressway 등으로 불린다. 대
부분의 고속도로는 통행료 없이 다니는데(그래서 freeway라는 이름
이 붙었다고 한다), 간혹 통행료를 내는 도로가 있다. 이것을 toll way
또는 toll road라고 부른다.

• 고속도로는 특별히 이름이 붙은 것도 있지만 모두가 번호로 되어 있
다. 홀수 번호 고속도로는 남북으로, 짝수 번호 고속도로는 동서로
나 있다.

※ California의 1번
freeway는 Pacific
Coast Highway로 불
리고, 줄여서 PCH라고
도 한다.

Interstate freeway

U.S. highway

**State highways** — 주마다 모양이 다르다

California 주

Colorado 주

## ∵ 학교 앞

학교 앞이므로 아이들이 길을 건널지 모르니 주의하라는 표시. 보통은 등하교 시간의 학교 앞 주행 속도 제한, 등하교 시간 좌회전 금지, 주정차 금지 등의 표시가 함께 있다.

학교 앞 주행 속도 제한
**special school**
**speed limits**

주정차 금지
**No stopping,**
**No standing,**
**No parking**

## :• 그 밖의 사인들

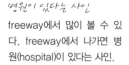

병원이 있다는 사인
freeway에서 많이 볼 수 있
다. freeway에서 나가면 병
원(hospital)이 있다는 사인.

철도 건널목 표시

우회 도로 안내 표지

카풀 차선
표지판에 명시된 승객 수를 지킨
다. 3명 이상인 곳도 있다.

## O2
# 신호등

●         빨강, 노랑, 녹색의 의미는 모두 똑같고, 평소와 다르거나 한
국과 다른 몇 가지 신호를 소개한다. 주마다 교통 법규가 다를 수 있다.

## ∴ 신호등의 고장 또는 점멸

Word

**❶ 신호등이 고장 나서 불이 전혀 안 들어올 때 또는 모두 점멸해 있
을 때**

수신호를 해주는 사람이 아무도 없으면, stop sign에서 정지한 후 교
차로에 먼저 도착한 순서대로 진행한다. 좌회전은 직진에 우선권을
준다.

**❷ 점멸하는 빨간 신호등**

stop sign과 똑같이 완전히 정지한 후 도착한 순서대로 출발한다.

**❸ 점멸하는 노란 신호등**

양쪽 차선을 주의해서 살펴보면서 서서히 통과한다. 반드시 정지할
필요는 없다.

신호등
**traffic signals**

점멸하는 신호등
**flashing signal,
flashing light**

계속 켜져 있는 신호
**steady signal,
steady light**

차선
**lane**

교차로
**intersection**

갓길
**shoulder**

차도
**road**

인도
**sidewalk**

좌회전 신호
**left-turn signal**

좌회전 전용 차선
**left-turn only lane**

## ∵ 좌회전

### ❶ 좌회전 차선에서의 좌회전

- **녹색 화살표**(steady green arrow) : 좌회전 전용 차선에서는 녹색 화살표에서 좌회전한다.

- **노란색 화살표**(steady yellow arrow) : 곧 좌회전 신호가 끝날 것이라는 표시이다. 이때 교차로에 아직 진입하지 않았으면 정지해야 하고 이미 진입했을 경우 반대편에 직진 차량이 없으면 좌회전해도 된다.

- **점멸하는 노란색 화살표**(flashing yellow arrow) : 반대편에서 직진 차량이 없으면 좌회전해도 된다.

### ❷ 비보호 좌회전

- 특별히 좌회전 금지 신호(red arrow)나 문자로 금지하고 있지 않

으면 대부분의 길은 비보호 좌회전이 된다. 큰 도로(주도)에서 작은 길로 들어갈 때나 그 반대의 경우 모두 해당된다.

- 좌회전 차선이나 좌회전 전용 신호(green arrow)가 없는 경우에도 반대편 방향에서 직진하는 차가 없으면 좌회전할 수 있다.
- 좌회전 차선이나 좌회전 전용 신호(green arrow)가 없는 경우, 내 뒤에서 오는 직진 차량을 방해하지 않으면 교차로에서 정지한 후 반대 방향에서 직진하는 차량이 없을 때 좌회전할 수 있다.
- 특별히 금지 표시가 없는 한 직진 신호(green light)가 끝나고 노란색 신호가 들어와 있는 동안 교차로에 이미 진입한 두 대의 차량까지는 비보호 좌회전을 할 수 있다(반대편에서 오는 직진 차량이 너무 많을 때는 좌회전하기 어렵다).

**Word**

적신호 시 회전 금지
**no turn on red**

좌회전하다
**make a left turn**

우회전하다
**make a right turn**

오고 있는 차
**oncoming traffic, approaching traffic, opposite traffic**

가고 있는 차
**ongoing traffic**

149

신호등

신호를 기다리는 차량 왼쪽 두 차선은 좌회전임을 명확히 알려주고 있다.

## ∴ 중앙 Lane 노란색 실선으로 양쪽이 막힌 중앙 차선

신호등이 없고 직선으로 난 차도 중앙에 island와 같은 lane은 비보호 좌회전을 하기에 편리하다. 이 lane 안에서는 양쪽 방향에서 오던 차량이 들어가 기다렸다 비보호 좌회전을 할 수 있고, 좌우로 난 작은 길이나 주차장 등에서 큰길로 나오는 차들이 이 lane으로 들어와 기다렸다 큰 차도의 진행 방향에 합류할 수 있다.

진행하는 방향에서 중앙 lane으로 들어간다.

중앙 lane에 멈춰 서 반대편에서 차가 오지 않을 때까지 기다린다.

좌회전해서 들어간다.

반대편 차선에서도 동일하게 중앙 lane을 이용해 비보호 좌회전한다.

## ∵ 보행자 신호

• 보행자는 차량보다 우선이다.
• 미국의 대부분 지역에서는 걸어다니는 사람이 많지 않기 때문에 신호가 바뀔 때마다 보행자 신호가 들어오지 않는 건널목이 많다. 건널목 보행자 신호등 기둥에 있는 버튼을 누르면 다음번 신호가 바뀔 때 건널목 신호가 들어온다.

151

### Word

보행자
**pedestrian**

보행자 신호
**pedestrian signal**

건널목
**crosswalk**

수신호
**hand-and-arm signal**

방향 지시등(깜박이)
**turn signal**

## ∵ 수신호

자동차의 방향 지시등(일명 깜박이)이나 브레이크등이 고장 났을 경우, 자전거를 타는 경우에 사용할 수 있다.

좌회전할 것임              우회전할 것임              정지 또는 서행
(팔을 왼쪽으로 뻗음)      (팔을 위로 올림)          (팔을 아래로 내림)

## 고속도로 진입로 신호등

복잡한 도시에는 특히 출퇴근 시간에 한꺼번에 freeway로 차량이 진입하는 것을 통제하기 위해 입구에 신호등이 있는 곳도 있다. 적색과 녹색등이 있으므로 녹색등이 들어올 때 freeway로 진입해야 한다. 또는 특별한 표시가 있는 경우도 있다.

**2 CARS
PER
GREEN**

이 경우 green light가 들어올 때, 두 대씩 freeway로 진입할 수 있다.

152

현지인이 직접 전하는 미국 생활 INFO

# 03
# 교통 법규

●        많은 교통 규칙이 한국과 같거나 상식에 따라 지키면 되지만, 특별히 엄격하거나 한국에 없거나 한국과 다른 몇 가지만 소개한다. 주마다 약간씩 법규가 다를 수 있다.

## ⠰ Car Seat

주(state)마다 세부 규정이 다르지만, 아이는 반드시 car seat에 앉혀야 한다. www.dmv.org로 들어가 찾는 주를 선택하고, search 창에 child safety seat를 치면 어린이 car seat에 대한 그 주의 규정을 확인할 수 있다.

- 나이 또는 몸무게, 혹은 두 사항 모두에 따라 언제까지 car seat에 앉혀야 하는지 규정이 있다. 태어나 병원에서 퇴원하는 아기도 car seat가 없으면 데리고 나가지 못하게 한다.
- 주마다 약간씩 규정이 다르긴 하지만, 일반적으로 아이는 성장하면서 세 종류의 car seat를 쓴다.

**Word**

시트 벨트를 하다
**buckle up,
fasten the seat
belt**

*infant car seat*

*toddler car seat*

*booster car seat*

뒤를 향함
**rear facing**

앞을 향함
**forward facing**

① infant car seat : 바구니 형태로 아이의 체중이 20파운드(약 9킬로그램) 일 때까지 사용할 수 있다. 아이가 뒤를 보고 앉으며(rear facing), car seat 베이스는 차의 안전벨트로 고정해놓고, 아이를 앉힌 바구니는 떼어서 들고 다닐 수 있게 되어 있다.

② toddler/preschooler car seat : 돌 전후나 아이의 체중이 20파운드 이상 되면 이 car seat로 바꾼다. 아이가 앞을 보고 앉으며(forward facing), 자동차의 안전벨트로 car seat를 고정하고, 아이에게는 car seat에 장착된 별도의 안전벨트를 채운다.

③ booster car seat : 아이의 체중이 60파운드(약 27킬로그램) 또는 신장이 4′9‴(약 145센티미터)까지 사용하도록 되어 있다. booster seat 에 앉아서 자동차의 안전벨트를 직접 채운다.

• car seat에 대한 규정, 장착 방법, 각 브랜드별 정보는 AAA의 사이트에 자세히 나와 있다.

★ http://www.aap.org/family/carseatguide.htm

• 어린아이를 차에 혼자 남겨두면 안 되는 규정(주마다 나이의 규정이 다르다)이 있다.

## :• School Bus

**Word**

**①** **달리는 버스의 Flashing Red/Yellow Light**

달리는 버스가 곧 설 것이다. 버스 뒤를 따라가고 있거나, 반대 방향
에서 버스가 오고 있을 때 이를 발견하면 정지할 준비를 해야 한다.

점멸등
**flashing light**

**②** **서 있는 버스의 Flashing Red Light**

어린이가 버스에 타거나 내리는 경우, 운전석 옆의 STOP arm이 펼
쳐진다. 이 경우 양쪽 방향에서 달리던 모든 차량은 정지해야 한다.
버스와 일정 거리(20피트 이상)를 두고 정지해야 하는데, flashing
light가 꺼지고, STOP arm이 다시 접힐 때까지 기다렸다 버스가 출
발하면 움직인다. 어린이가 버스에서 내려 길을 건널 때까지 버스가
출발하지 않기 때문에 양쪽 방향의 차량 모두 정지해야 하고, 이
때 버스 옆을 지나가는 것은 매우 큰 법규 위반이니 절대 금
한다.

STOP arm이 펼쳐
진 버스

school bus

## 응급 차량

응급 차량
**emergency vehi-cle**

소방차
**fire engine, fire truck**

소방수
**fire fighter**

경찰차
**police car, sheriff car**
: county 경찰을 sheriff 라고 한다.

경찰관
**police officer**

길 옆으로 차를 세우다
**pull over**

소방차, 앰뷸런스, 경찰차 등이 경고등과 사이렌을 울릴 때 모든 방향에서 달리는 차들은 무조건 양보해야 한다.

❶ 서 있는 Emergency Vehicle을 만났을 때
왼쪽 옆 차선으로 옮겨 달리거나 옮길 수 없는 경우에는 속도를 줄여서 천천히 통과한다.

❷ 사이렌을 울리며 Emergency Vehicle이 달려오고 있을 때
• 사이렌을 듣는 순간 모든 방향에서 주행하던 차들은 모두 도로 한쪽 옆에 차를 세워서(pull over) 응급 차량이 지나갈 수 있게 한다. 응급 차량이 접근하기 전에 도로나 교차로를 막고 있지 않게 적절한 위치로 재빨리 이동해서 정지한다.
• 응급 차량이 완전히 지나갈 때까지 기다린다. 때로는 여러 대의 소방차나 경찰차들이 뒤따라오기도 한다.
• 서 있을 때 반드시 브레이크를 밟고 있어 응급 차량의 운전자가 내 차가 완전히 정지해 있다는 것을 알게 한다.

## 주차

미국의 주차 규정은 복잡하고 까다로운 편이다. 선이 그어져 있거나 지정된 곳 이외의 지역에서는 절대로 세우지 말자. 특히 도심에서 주차는 많은 제약이 있기 때문에 차를 세울 때는 반드시 표지판을 꼼꼼히 읽어 봐야 한다.

## ❶ 장애자 전용 주차 공간(Handicapped Parking Lot)

**Word**

장애자
**handicapped,
disabled**

장애자 번호판
**disability license
plate**

장애자 카드
**disability parking
placard**

위와 같은 표시가 있는 주차 공간은 장애자 전용으로, 장애자 번호판이
나 장애자 카드가 있는 차량만 주차할 수 있다. 적발될 경우에는 불법
주차 벌금이 굉장히 높으므로 주의한다.

## ❷ Parking Meter

- parking meter에는 최대 주차 가능 시간, 돈을 받는 날짜(일요일이
  나 법정 공휴일이 제외되는 경우는 명시되어 있다), 사용할 수 있는
  동전의 종류 등이 깨알 같은 글씨로 적혀 있으니 잘 살펴야 한다.
- 동전을 넣는 parking meter는 일반적으로 quarter(25센트),
  dime(10센트), nickel(5센트)을 사용하지만,
  기계에 따라 quarter만 가능한 것도 있다.
  동전을 바꾸는 기계가 없으니 미리 준비해
  서 다녀야 한다.
- 아날로그 방식의 parking meter는 동전을 넣
  을 때마다 옆에 있는 레버를 돌려야 바늘이 움
  직인다. 디지털 방식은 동전을 넣으면 넣은 돈
  만큼의 시간이 자동으로 나타난다.
- 지불한 시간이 지나면 기계에 expired(또는 빨간
  색 점멸등) 표시가 나타난다. 주차 요원이 이것을

발견하면 티켓을 wiper에 끼워놓고 간다.

• Maryland, California, Massachusetts에서는 장애자 증명서가 있으면 parking meter에 돈을 넣을 필요가 없다.

• credit card나 smart card를 이용해 지불하는 parking meter도 있으니 참고한다.

### ❸ 주차 구역 제한 및 시간 제한

• 길에 차를 세울 때는 반드시 주차 구역 및 시간 제한 표시를 읽어본다. 건물, 주차장의 진입로나 교차로 인근 등에는 제한 구역이 많고, 특히 주택가의 개인 주택 driveway에 너무 가까이 세우면 주인이 신고해서 차를 towing해가거나 티켓을 받기 쉬우니 주의한다.

• parking meter가 없는 길이라도 주차 제한 시간이 명시되어 있으면(예를 들어 2 HOUR PARKING ZONE 식으로), 주차 단속 요원이 보통은 분필로 타이어에 표시를 해두고 2시간 후에 다시 왔을 때도 분필 표시가 남아 있는 차는 티켓을 떼니, 주차 제한 시간을 넘기지 않도록 주의한다.

### ❹ 색으로 구분하는 주차 규정

• California에서는 길에 주차할 때, 인도와 차도의 경계선에 색을 칠해 주차를 제한하는 곳이 많다.

• 빨간색은 주차 금지, 녹색은 제한된 시간 동안 주차 가능, 흰색과 황색은 승하차 가능, 파란색은 장애인 마크 차량 주차 표시이다.

### ❺ 무인 주차 건물

- 인건비와 안전 등의 문제로 차량이 나오는 출구에 주차료를 받는 사람이 없는 경우가 많다.
- 보통 건물의 입구나 엘리베이터에 있는 요금 정산기에 주차증을 넣고 돈을 먼저 지불한 후 차를 가지고 나온다.
- 출구에 있는 기계에 주차증과 영수증을 넣고 bar가 열리면 건물 밖으로 나갈 수 있다.
- 선이 그어진 지정된 공간 이외의 구석이나 빗금이 쳐진 곳, 지정된 특정 차량의 주차 공간 등에는 절대로 차를 세우지 않는다.

### ❻ 기타

- **전면 주차**(forward parking) : 주차장에 따라서는 후방 주차를 금하는 곳도 있다. 뒤에 화단이나 벽이 있으면 뒤로 주차할 때 차의 매연에 꽃나무가 상하거나 벽이 더러워지기 때문이다.
- 사선으로 들어가는 주차장에서는 주차하러 들어갈 때나 나올 때 화살표 방향대로 한쪽 방향으로만 주행해야 한다.

전면 주차
**forward parking**

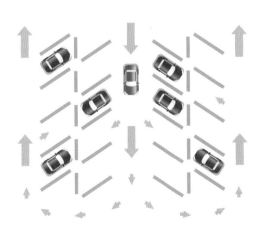

## ₊‣ 법규의 위반, 범칙금, 벌점 등

교통 위반
**traffic violation**

교통 위반 카드
**ticket**

범칙금
**fine**

운전 기록
**driving record**

벌점
**point,
penalty point**

면허 정지
**suspended
license**

갓길
**shoulder**

고속도로 순찰대
**highway patrol**

• 한국과 마찬가지로 미국 경찰들도 잘 안 보이는 곳에 숨었다가 운전자를 잡곤 한다.

• 주마다 교통 법규가 다르고 경찰한테 걸리는 이유도 다양하겠지만, 위반 시에는 경고를 받거나, 티켓을 받거나, 운전 기록에 벌점이 올라가거나, 교통 학교에 가서 교육을 받거나, 노력 봉사를 하거나, 최악의 경우 면허가 정지되기도 한다.

• 주행 중 경찰차가 뒤에서 사이렌과 경고등을 울리면, 즉시 길 옆으로 차를 세워야 한다(pull over). 경찰이 내 차로 올 때까지 운전석에 앉아서 기다린다. 차에서 내리는 것은 경찰이 자신을 위협한다고 여길 수 있기 때문에 주의한다(미국은 총기 소지가 허락된 나라이기 때문에 경찰도 매우 조심해야 한다).

• 경찰은 위반 사실을 말하고 운전면허증, 자동차 등록증, 보험증을 요구한다. 이때는 경찰이 요구하는 것이 내 가방이나 자동차의 콘솔 박스에 있는데, 거기 있는 것을 꺼내도 되겠냐고 물어보는 게 좋다(총을 콘솔 박스에 넣고 다니는 사람도 많기 때문에 이렇게 물어보면 경찰을 안심시킬 수 있다).

• 경찰이 티켓을 떼면, 이를 어떻게 처리해야 하는지 설명해주긴 하지만 잘 이해가 안 되면 다시 여러 번이라도 정확히 물어본다. 벌금만 내면 되는지, 어디서 어떻게 내는지, 교통 학교에 가야 하는지 등.

• 벌점은 보통 2년 동안 남아 있는데(주에 따라 다를 수 있다), 이는 자동차 보험료 또는 렌터카를 빌릴 때 영향을 미친다.

04

# 주유소

## ∵ 한국과 다른 점

- 미국의 많은 주유소들은 self service이기 때문에 본인이 직접 주유해야 한다. 가끔은 직원이 주유를 해주는 full service도 있지만, 이 경우는 휘발유 값이 더 비싸다.
- 대부분의 주유소에서는 먼저 돈을 지불하고 주유한다.
- 주유소에는 편의점이 함께 있다.
- 휘발유는 갤런(gallon)당 가격으로 표시한다.

  1gallon = 3.78리터

### Word

주유소
**gas station**

휘발유
**gasoline**
: 간단히 gas라고 한다.

주유하다
**fill the gas,
pump the gas**

Word

주유기
**pump**

주유기 손잡이
**nozzle**

**gasoline theft**
: 돈을 내지 않은 채 휘
발유를 넣고 도망치는
행위. gas and dash,
fill and fly, drive-off
라고도 한다.

# ∵ 지불하기

## ❶ 현금으로 지불하기

차를 주유소 주유 펌프 앞에 댄다. 주유소 안에 들어가 cashier에게
펌프기의 번호를 말하고, 원하는 금액의 돈을 지불한다. 그러면
cashier가 안에서 내가 말한 번호의 펌프기에 내가 낸 돈만큼을 세팅
해준다(펌프마다 번호가 있다).
돈이 남을 경우 주유를 마치고 다시 cashier에게 가서 돌려받으면 되
므로 너무 정확한 액수를 낼 필요는 없다.

## ❷ Credit Card / Debit Card / ATM Card 등으로 지불하기

Pay-at-the-pump gasoline pump

• 주유기 펌프의 카드 넣는 부분에 카드를 넣고 주유한다.
• 어떤 기계는 credit card의 billing address에 있는 zip code를 묻
기도 한다(도난 카드 사용을 방지하기 위해).
• debit card는 pin number를 넣는다.
• 주유가 끝나면 영수증이 프린트되어 나온다.
• 세차장이 딸려 있는 주유소에선 가끔 펌프기에서 세차를 할 것인
지 묻기도 한다. 주유를 하면 세차 요금을 깎아주는데, 이때 세차
장에 요금을 받는 직원 없이 주유 시 세차 요금까지 함께 지불하
도록 하는 기계도 있으니 잘 읽어본다.
• 주유소마다 휘발유 가격이 다른데, 특히 고속도로의 타고 내리는
곳에 바로 있는 주유소들이 약간 비싼 편이다.

★ 주유소별 가격 비교 www. gaspricewatch.com

주유소 펌프기

주유소 전경

## ∴ Self Service 주유하기

우선 엔진을 끄고, 차의 주유구 뚜껑을 연다.
기계마다 약간 다르지만, 대략적인 순서는 다음과 같다.

**돈을 지불한다**

**gas의 등급을 정한다**(옥탄가에 따라 보통 세 가지다)

**주유기를 차의 주유구에 넣고 기름을 넣는다**

↓

**영수증을 받는다**

**휘발유 등급**
: 보통 세 가지 등급으로
나뉜다. 87, 89, 92와
같이 숫자로 나누기도
하고(숫자가 높을수록 더
고급 휘발유이다), reg-
ular, super, premium
등으로 나누기도 한다.

## Self Service 주유하기

**1**
엔진을 끄고,
차의 주유구
뚜껑을 연다

**2**
지불한다

🖥 : INSERT YOUR CARD
AND REMOVE
QUICKLY

주유소 안에 들어가
돈을 낼 때는 이 펌
프기의 번호 7을 말
하고 지불한다.

카드를 투입구에 넣었다가 뺀다. debit
card를 쓸 때는 비밀번호를 누른다.

🖥 : AUTHORIZING ….

**3**
휘발유의
등급을 정한다

🖥 : SELECT
THE GRADE

👤 : 87

휘발유 종류를 선택할 때 왼쪽 사진처럼 버튼을 누르는 것도 있고, 오른쪽
사진처럼 휘발유 종류마다 노즐이 따로 있어 해당 노즐을 들면 자동으로
선택되는 기계도 있다.

**4**

펌프기에서
노즐을 꺼내
차의 주유구에
꽂는다

**5**

시작 버튼을
누른다

시작 버튼 대신 노즐을 펌프기에서 꺼낸 후
사진과 같이 노즐 받침대를 위로 올려야 주유
를 시작할 수 있는 기계도 있다.

**6**

노즐의
방아쇠를 당겨
휘발유를
넣는다

위쪽 상태에서는 휘발유가 나오지 않는다. 아
래 사진처럼 방아쇠를 잡아당긴 상태에서만
휘발유가 나온다. 휘발유가 탱크에 다 차면
이 방아쇠가 저절로 튕겨나온다.

**7**

노즐을 펌프에
도로 올려
놓는다

**8**

주유구의
뚜껑을
닫는다

**9**

영수증을
받는다

 : DO YOU WANT A RECEIPT?

 : yes

주유소 안에 들어가 돈을 냈을 경우에는
다시 들어가 영수증을 받는다.

## O5
# 운전면허

● 　　　　　　 면허 취득 – 차량 구입 – 보험 가입 – 소유권 신청 및 차량
등록 순으로 한다.

## ∶• 도움이 되는 이모저모

Word

• 주(state)마다 도로법, 운전면허 취득, 차량 등록 절차 등이 조금씩 다르다.
• 면허국은 흔히 DMV라고 부르지만, 주마다 그 이름이 다르고 담당하는 업무도 조금씩 다르므로 거주하는 주의 면허국 정보를 알아야 한다.

　★ 각 주의 면허국 정보 www.dmv.org

• 한국에서 올 때 국제 면허증을 딴다(이를 인정하지 않는 경우도 있다).
• 한국 면허증을 공증받고 그 면허증을 가져온다.
• 일반적으로 운전면허증이 ID로 쓰이지만, 운전면허가 아닌 ID만 신청할 수 있다.
• 국제 면허증으로 차를 운전할 수 있으나 원칙적으로는 6개월 이상

운전면허
**driver's license**

자동차
**car, vehicle**

자동차 보험
**auto insurance,
car insurance**

차량 소유권
**vehicle title**

차량 등록
**vehicle registration**

## Word

면허국
**DMV**
Department Motorized
Vehicle
: 주마다 면허 담당 관
청의 이름이 다를 수
있다.

국제 면허증
**international
drivers license**

공증을 받다
**notarize**

공증인
**notary**

시험을 보다
**take a test**

필기시험
**written test**

실기(운전) 시험
**driving test**

머물 경우 미국 면허증을 취득해야 한다.

• 국제 면허증으로 차를 구입하고 보험을 가입하는 것이 가능하지만, 차를 등록할 때 면허국에서 미국 면허증을 요구한다.

## 필기시험

### ❶ 시험 문제

• 주마다 문제가 다르기 때문에 각 면허 담당국에 가서 시험 안내 책자를 가져온다.

• 한국어 시험이 가능한 office가 어딘지 알아본다.

• 한국어 문제가 영어를 너무 직역해서 무슨 말인지 모르겠다는 사람도 있으니 한국어로 공부하더라도 영어 책자를 보면서 용어, 표현 등을 익힌다.

• 한인 업소록에 나와있는 시험 문제 족보는 너무 오래된 거라는 이야기가 많다.

• 필기시험은 보통 예약 없이 가서 그냥 볼 수 있다. 대도시는 예약을 해야 할 수도 있으니 미리 알아본다. 요즘은 인터넷 예약도 많이 받는다.

• 시간 제한은 없다. 그 자리에서 채점하는데, 떨어지면 다시 들어가 또 볼 수도 있다(문제 유형이 여러 가지이며 주마다 다르다).

Tip  면허 신청서에 키와 몸무게를 적는 난이 있는데 미국에서는 키는 피트와 인치를, 몸무게는 파운드를 쓰므로 환산해서 작성한다.

예)  170센티미터 – 5′7″(5피트 7인치)

50킬로그램 – 110 lbs(110파운드)

• 감독관에게 미리 허락을 받으면 영어 사전을 보면서 시험을 치를 수도 있다

## ❷ 필기시험에 필요한 서류

본인 증명, 주소 증명, 합법적 체류 증명을 위해 필요한 서류들이다. 면허 시험 안내 책자에 자세히 나와 있다.

• **본인 증명** : 여권, 한국 운전면허증(공증), 국제 면허증, 학교 ID 등등.
• **주소 증명** : bank statement, 각종 utility bill, 본인 앞으로 온 우편물, 임대 계약서(lease/rental agreement) 등등.
• **합법적 체류 신분 증명** : I-94, I-20, Visa 등등.
• **social security exemption letter** : 유학생에게는 social number가 나오지 않는다. 일반 사람은 이를 잘 모르기 때문에 social security office에서 그 사유를 적은 서류를 받아올 수 있다.

애리조나 주 면허국

여권
**passport**

은행 거래 내역서
**bank statement**

공과금 청구서
**utility bill**

임대 계약서
**rent agreement,
lease agreement**

체류 신분
**visa status**

면제, 공제
**exemption**

사회 보장
**social security**

### ❸ 기타

- 시력 검사.
- 합격하면 허가증을 준다. 이 permit을 가지고 운전 연습을 할 수 있다. 이 permit에는 유효 기간이 있고, 일정한 기일이 지나야 실기시험을 볼 수 있다.

## ✦ 실기시험

### ❶ 예약

- 사람 많은 대도시 같은 경우 수개월 후에 예약될 수도 있으니 서두른다(보통 필기시험에 합격한 날 예약을 한다).
- 예약이 빨리 되는 한가한 시험장을 알아본다.

### ❷ 연습

- 한인이 아주 많은 곳에는 한인이 운영하는 운전 학원이 있다.
- 실기는 한국어로 볼 수 없기 때문에 용어를 잘 알아둔다.
- 필기시험 때 받은 permit을 지참한다.
- 시험 볼 때 필요한 차가 면허국에 구비되어 있지 않으므로 미리 시험 볼 차량을 준비해야 한다. 꼭 내 차가 아니어도 되며, 시험 차량을 빌려주는 곳도 있다.

### ❸ 실기시험

- **준비 서류** : 필기시험 때 받은 permit, 신분증(ID), 차량 등록증(registration)과 차량 보험증(insurance), 시험 수수료 등을 반드시 가져간다.
- 시험관에게 친절하게 천천히 말해달라고 부탁한다. 잘못 알아들

었을 경우에는 반드시 다시 묻는다. 엉뚱한 행동을 해서 떨어지는
것보다 낫다.

### ❹ 실기시험 체크리스트
- **운전 전 작동 체크** : 차량 등록증과 보험증, 창문 여닫기, 와이퍼,
  백미러, 경적, 브레이크, 비상등, 수신호, 성에 제거, 헤드라이트,
  안전벨트 등.
- **출발, 정지, 신호 대기, 주행, 주차, 차선 변경 시** : 주행 속도, 차선
  준수, 양보, STOP 사인, 교통의 체크, 불필요한 정지, 간격 등.

### ❺ 운전
한국에서 오랜 운전 경력을 갖고 있더라도 시험을 볼 때에는 교본대
로, 마치 처음 하는 사람처럼 지나치다 싶을 정도로 주위를 살피고,
행동을 크고 정확하게 한다.

### ❻ 임시 면허증(Temporary License)
합격하면 합격증을 준 후, 사진을 찍고, 임시 면허증을 교부한다. 정
식 면허증은 보통 우편으로 온다. 이 임시 면허증은 유효 기간이 있
는데, 유효 기간이 지나도 정식 면허증을 못 받으면 다시 가서 이 기
간을 연장받을 수 있다.

**Word**

윈도 브러시
**wiper**

경적
**horn**

성에 제거
**defrost**

171

운전하기

*Tip* **State Issued Identification Card**
운전할 일이 없거나 운전면허를 딸 필요가 없을 경우 신분증으로 ID만 신청할 수
있다. 물론 여권을 신분증 삼아 들고 다녀도 되지만, 잃어버리면 다시 만들기 번
거로우니 주에서 발행하는 ID를 신청한다. 보통은 면허국에서 같이 취급하며, 위
의 운전면허 필기시험 때 가져가야 하는 것들과 동일한 서류를 준비하면 된다.

현지인이 직접 전하는 미국 생활 INFO

## Word

## :•• Sample Questions

State of Michigan, 『What Every Driver Must Know』에서 발췌.

보행자
**pedestrian**

1. City driving is more dangerous than expressway driving because of the;

    a.    Lower speed limits.

    b.    Narrow driving lanes

    c.    Cross traffic and pedestrians.

    d.    Worse road conditions in bad weather

1. 시내 주행이 고속도로보다 더 위험한 이유는?

    a.    낮은 주행 속도

    b.    좁은 차선

    c.    가로지르는 차량과 보행자

    d.    안 좋은 날씨에서의 나쁜 도로 상태

교차로
**intersection**

점멸하는
**flashing**

가로막다
**block**

진행하다
**proceed**

허락하다
**allow**

2. You come to an intersection with a flashing red light. You must;

    a.    Slow down and drive carefully through the intersection.

    b.    Turn either right or left since the road is blocked ahead.

    c.    Stop at the intersection and wait for a flashing green light.

    d.    Stop at the intersection, then, proceed as traffic allows.

2. 점멸하는 적색 신호등에서 교차로에 진입했을 때 어떻게 해야 하나?

    a.    속도를 줄이고 천천히 교차로를 통과한다.

    b.    앞의 도로가 막혀 있기 때문에 우회전이나 좌회전을 한다.

    c.    교차로에서 정지하고 다음의 녹색 신호를 기다린다.

    d.    교차로에서 정지한 후 교통의 흐름이 허락하는 대로 진행한다.

3. You are driving in the right lane on an expressway. You should probably move into the left lane when;

    a.    Traffic is heavy but moving steadily.

    b.    The weather is bad and roads are slippery.

    c.    Traffic is slow in your lane and cars are not in the left lane.

    d.    Traffic is light and cars are merging onto the express way from the right.

3. 고속도로의 오른쪽 차선에서 달리고 있는데, 다음의 어떤 경우에 왼쪽으로 차선을 바꿔야 할까?

    a.    차가 많으나 일정하게 움직이고 있을 때

    b.    날씨가 나쁘고 노면이 미끄러울 때

    c.    내 차선에는 교통량이 많은데, 왼쪽 차선이 비었을 때

    d.    교통량이 많지 않고, 오른쪽에서 차들이 고속도로로 진입할 때

4. Before turning left, it is important to;

    a.    Sound your horn.

    b.    Yield to oncoming vehicles.

    c.    Swing to the right side of your lane.

    d.    Wait until oncoming traffic has a red light.

4. 좌회전을 하기 전에 중요한 것은?

    a.    경적을 울린다.

    b.    앞에서 오는 차에 양보한다.

    c.    오른쪽 옆 차선으로 옮긴다.

    d.    반대편 직진 차선의 신호등이 적색으로 바뀔 때까지 기다린다.

차선(주행선)
**lane**

일정하게
**steadily**

미끄러운
**slippery**

(도로가) 합류하다
**merge**

경적
**horn**

양보하다
**yield**

방향을 바꾸다
**swing**

우회전하다
**turn right**

좌회전하다
**turn left**

173

운전면허

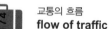
현지인이 직접 전하는 미국 생활 INFO

~에서 눈을 떼지 않다
**keep an eye on ~**

조절하다
**adjust**

교통의 흐름
**flow of traffic**

눈부심
**glare**

가장자리
**edge**

준비하다
**prepare**

사각 지점
**blind spot**

백미러
**rearview mirror**

5. When entering an expressway behind several other vehicles, it is MOST important to;

a.  Keep your eyes on the vehicle in back of you.

b.  Adjust the position and speed of your vehicle to the flow of traffic.

c.  Stay as closer as possible to the vehicle in front of you.

d.  Cancel your turn signal.

5. 앞에 있는 몇 대의 차를 뒤따라서 고속도로에 진입할 때 가장 중요한 것은?

a.  내 뒤에 오는 차량에 주의한다.

b.  내 차의 위치와 속도를 교통의 흐름에 맞춘다.

c.  바로 앞의 차에 가능한 한 바짝 붙는다.

d.  방향 지시등을 끈다.

6. To reduce the effects of headlight glare at night, you should look;

a.  Straight ahead.

b.  Over your shoulder.

c.  At the center of the road.

d.  To the right edge of the road.

6. 밤에 헤드라이트의 눈부심을 줄이려면 어느 쪽을 봐야 하나?

a.  정면

b.  어깨 위

c.  도로의 정중앙

d.  도로의 오른쪽 가장자리

7. You're coming to an intersection with a yellow flashing light. You should;

    a.   Stop and wait for the light to change.

    b.   Make a U-turn; the intersection is closed.

    c.   Drive carefully through the intersection.

    d.   Prepare to stop; the light is about to turn red.

7. 황색등이 점멸하는 교차로에 진입했을 때 어떻게 해야 하나?

    a.   정지하고 신호등이 바뀔 때를 기다린다.

    b.   교차로가 폐쇄되었기 때문에 U턴을 한다.

    c.   주의하면서 교차로를 통과한다.

    d.   신호등이 적색으로 바뀌려고 하니, 정지할 준비를 한다.

8. When changing lane, you can check your blind spot by;

    a.   Using the inside rearview mirror.

    b.   Using the outside rearview mirror.

    c.   Using both inside and outside rearview mirrors.

    d.   Turning your head and looking over your shoulder.

8. 차선을 바꿀 때 어떻게 사각지대를 살펴야 하나?

    a. 실내에 있는 백미러를 이용한다.

    b. 밖에 있는 사이드미러를 이용한다.

    c. 실내와 실외의 백미러를 모두 이용한다.

    d. 어깨 위로 고개를 돌려 본다.

※ 차선을 바꿀 때 우리는 흔히 백미러로 뒤를 보고 바꾸는데, 미국에서는 반드시 고개를 돌려 뒤를 보고 바꿔야 한다. 특히 한국에서 운전했던 사람들이 면허 시험에서 잘 놓치는 것 중 하나라고 한다.

정답    1 ⓒ, 2 ⓓ, 3 ⓓ, 4 ⓑ, 5 ⓑ, 6 ⓓ, 7 ⓒ, 8 ⓓ

## 면허 시험 시의 대화 *표시는 상대방이 흔히 하는 말

I'd like to take the written test today.
오늘 면허 필기시험을 치르고 싶어요.

I'd like to make an appointment for my driving test.
면허 실기시험 날짜를 예약하고 싶어요.

Do you wear glasses or contact?*
안경이나 콘택트렌즈를 쓰나요?

I need to check your vision.*
시력 검사를 해야 해요.

I need your insurance card.*
보험증을 보여주세요.

I'm not good in English. Could you speak slowly?
영어가 서툰데 천천히 말해주시겠습니까?

Could you repeat it again, please?
다시 한번 말해주시겠어요?

Start the engine. / Turn on the engine. / Start the ignition.*
시동을 거세요.

Could you defrost?
앞유리의 성에를 제거하세요.

Please wipe the window.*
유리를 닦아보세요.

Turn your headlights on.*
헤드라이트를 켜세요.

Turn right at the intersection.*
교차로에서 우회전하세요.

Turn left at the next signal.*
다음 신호등에서 좌회전하세요.

Try your left/right turn signals.*
좌측/우측 깜박이를 켜세요.

Pull your car right there in front of the white car.*
저기 하얀 차 앞에 차를 대보세요.

Congratulations! You passed! You did a great job!*
축하합니다. 합격이에요. 잘했어요.

Well… you missed…. Please work on your parking.*
불합격이네요. 파킹을 더 (연습)하세요.

You'll have to take the driving test again.*
실기시험을 다시 치러야겠습니다.

---

※ 점화 장치 **ignition** / 깜박이 **turn signal** / 길 옆에 차를 대다 **pull, pull over**

# Median Opening

　미국 도착 1주일 후, 남편이 전날 구입한 자동차를 운전해서 조금 먼 곳에 있는 한국 마켓으로 장을 보러 나갔다. 차 없는 1주일 동안 꼼짝 없이 갇혀서 근처 미국 마켓의 냉동식품으로만 끼니를 때우다 지친 나머지 내 손으로 운전할 수 있는 자동차를 보자 반가운 마음에 그만 덥석 혼자 몰고 나갔던 것….

　신나게 달리다 보니 이 길이 아닌 거라. 그래서 차를 돌리려고 나간 곳이 하필이면 하이웨이로 나가는 램프. 아뿔싸, 그녀는 그만 엉겁결에 고속도로를 타고 말았다.

　그땐 아직 전화도 나오지 않았고 집 주소도 외우지 못했고 하다못해 길거리 표지판도 안 읽히는 생초보가 하이웨이를 탔으니 어쩜 좋아. 당황한 그녀… 어떻게 돌아왔을까?

　한참을 그렇게 달리다 보니 서로 마주 보고 달리는 고속도로 위에서 차 한 대 돌리기 딱 좋게 중간에 길을 내어 끊어놓은 곳(median opening)이 있더란 말씀. 왔던 길을 복기해서 그대로 되짚어가야 한다는 절체절명의 명제 앞에서 그 끊어진 곳으로 과감히 U-turn을 하고 만 그녀. 가까스로 위험하게 차를 돌려 집에 오긴 했는데 아직도 가슴이 후덜덜…. 과연 그녀가 한 행동은 얼마나 위험한 짓(?)이었을까?

*median opening*

highway를 달리다 보면 median(중앙을 분리해놓은 공간)의 중간에 길을 터서 열어놓은 median opening을 종종 볼 수 있다. 보통은 Authorized Vehicles Only(허가 받은 차량 전용)라는 사인이 붙어있다.

## 06
# 자동차의 구입

## ∴ 구매 결정 시 고려할 사항

- 예산(현재 가지고 있는 현금과 매달 낼 수 있는 할부금).
- 몇 년을 탈 것인가?
- 귀국 시 가져갈 것인가, 팔고 갈 것인가?
- 가족 수 및 라이프스타일(출퇴근용, 가족용, 레저용 등).
- 본인의 credit 점수.
- 차종마다의 safety score.
- 보험비, 유지비.

 Word

예산
**budget**

보증금 또는 첫 불입금
**down pay,
down payment**

월 불입금
**monthly payment**

## ∷ 리스? 구매?

### ❶ 리스

리스
**lease**

구매하다
**buy,
purchase**

- 현재 가지고 있는 현금이 거의 없어도 차를 리스할 수 있다.
- credit 점수가 좋지 않거나, 방금 미국에 온 사람은 credit 점수가 없어서 리스에 불리하다.
- 보증인(co-sign)을 요구하는 경우가 있다.
- 단기간(1~2년 이내)만 머물 경우 나중에 차를 처리하기 편하다.
- 1년에 정해놓은 마일리지가 있기 때문에 많이 달릴 경우 이를 감안해야 한다.

### ❷ 구매

이자율
**interest rate**

재판매 가치(중고차 가격)
**resale value**

품질 등의 보증
**warranty**

생산자 보증
**manufacturer's
warranty**

- 전액을 지불하고 구입하는 경우도 있지만, 보통은 down pay를 한 후 융자를 받아 월부금을 낸다.
- 0 % down도 있긴 하지만, 보통은 down pay할 현금이 있는 게 좋다.
- 신용 점수에 따라 이자율이 다를 수 있다.
- 몇 년 내에 되팔아야 한다면, 감가상각을 생각하는 것이 좋다 (resale value 높은 차가 유리).
- 차 수리비가 비싸기 때문에 고장이 적은 차나 자동차 회사의 manufacture's warranty가 잘되어 있는 종류가 좋다.

## ∷ 무엇을 살까

### ❶ 새 차

- 모델이 바뀌는 8~9월에는 전년도 모델을 세일한다.

- incentive나 rebate를 받을 수 있는지 알아본다.
- 차창에 붙은 sticker price보다 싸게 살 수도 있다(흥정 가능).
- 딜러마다 새 차는 차고 넘친다. 마음에 들지 않으면 미련 없이 다른 딜러로 향한다.

## ❷ 중고차

- 잘 아는 사람에게서 사지 않는 이상 위험이 따르지만, 2~3년 된 중고차는 잘 고르면 새 차 이상으로 만족할 수 있다.
- 중고차는 개인이 직접 사고팔 수 있다. 인터넷, 중고차 전문 거래 잡지(마켓이나 편의점에서 판다. 무료도 있다), 신문 광고 등에서 알아볼 수 있다.

www.kbb.com(Kelley Blue Book)
www.edmunds.com
www.cars.com
www.autotrader.com
www.autobytel.com

- 딜러의 중고차는 개인이 거래하는 중고차보다 약간 비싸다.
- 개인마다 차를 보는 관점은 다르겠지만, 일반적으로 중고차를 고를 때 mileage, safety score, 사고 여부를 가장 고려한다.

## ❸ 차종을 선택할 때 고려해야 할 비용(cost to own)

- 차의 최종 가격은 사는 지역, 선택 사양, color 등에 따라 다르다.
- 차의 가격 외에도 감가상각, 보험료, 휘발유 연비, 유지 비용 등도 고려한다.

중고차
**used car,
pre-owned car**

자동차 등록 번호
**VIN**
: Vehicle Identification
Number

점검, 검사
**inspection**

검사자
**inspector**

자동차 판매 대리점
**car dealer,
car dealership**

주행 거리
**mileage**

선택 사양
**option**

**trade-in**
: 신제품 구입 대금의 일
부로 내놓은 중고품이
나 그 거래.

# ∵ 어디서 살까

## ❶ 딜러

리스를 하거나 새 차를 살 때는 일반적으로 딜러에 간다. 중고차도
살 수 있고 이미 갖고 있는 차가 있으면 trade-in을 할 수도 있다.

## ❷ 개인

중고차는 개인이 직접 사고팔 수도 있다. 인터넷, 중고차 전문 거래
잡지, 신문 광고 등 다양한 매체를 이용할 수 있다.

## ❸ 인터넷

인터넷에서 직접 차를 고르고 가격을 확정하면, 정한 차종을 보유한
딜러를 확인해준다. 융자나 리스에 관한 것도 도움을 받을 수 있다.
정해진 딜러에 가서 직접 픽업할 수도 있고, 픽업 서비스를 이용할
수도 있다.

# ∵ 지불 방법

## ❶ 현금

융자
**finance**

대부금
**loan**

대부금을 다 갚음
**payoff**

## ❷ 융자

보통은 차 값의 일정 부분을 down payment하고 나머지 돈을 빌린
다. 본인이 금융 기관에서 미리 빌려도 되고 딜러에서 이를 주선해
주기도 한다.

> **Tip**
>
> 처음 미국에 와서 credit가 없으면 유리한 조건으로 융자를 받을 수 없다. 미국에서 오래 살 계획이라면, 처음에 이자를 내더라도 자동차를 3년 정도의 융자로 사서 월부금을 내고 payoff하는 것도 credit를 쌓는 방법 중 하나이다.

## ∵ 딜러에서 차를 살 때

### ❶ 딜러에 가기 전

- 우선은 인터넷 등으로 원하는 차종을 충분히 조사한다.
- 딜러에 전화해서 그들이 줄 수 있는 최종 가격이 어떤지 알아보고 가능하면 이메일로 받는다. 기록을 남기면 deal하기 쉽다.
- 융자를 받을 경우, 딜러 이외의 다른 금융 기관에서 좋은 조건의 융자를 받을 수 있는지 알아본다.
- 본인의 credit 리포트를 준비해 나의 credit 점수를 미리 알아두고, 내 credit로 어느 정도의 조건(이자율 등)이 가능한지 알아본다.

### ❷ 딜러에서

- 시간을 가지고 여러 군데 둘러보는 것이 좋다. 오늘 꼭 사야 한다고 해도 급하다는 인상을 주지 않는다.
- 차를 이용할 조건에 맞춰 테스트 드라이브를 해본다. 예를 들어 freeway를 주로 다닐 예정이라면, freeway로 테스트 드라이브를 나간다.
- 차 값과 이자율 모두 흥정할 수 있다. 새 차는 차 값을 많이 깎기 어려우니, 오히려 이자율을 잘 흥정하면 결국에는 더 좋은 조건으

금융 기관
**financial institute**

신용 기록
**credit report**

신용 점수
**credit score**

로 차를 살 수 있다.

- 딜러가 제시하는 extended warranty 등 별도로 사야 하는 것에 주
  의한다. 일종의 이런 서비스 계약들은 고장이 안 나면 써보지도 못
  한 채 나가는 돈이고 나중에 들어도 되지만, 구입하고 나서 나중에
  물리는 것은 항상 번거롭기 마련이다.

- 보험이 있으면 보험증을 가져간다. 보험이 없으면 새로 산 차를
  딜러에서 몰고 나올 수 없다. 딜러에서 임시로 보험을 들었다가
  마음에 안 들면 나중에 해약하고 다른 보험사를 알아보면 된다.

자동차 *dealer shop*

### ❸ 융자(finance) 시 알아둘 것

- credit가 없으면 이자율이 높아지고, 보통은 많은 액수의 down payment를 요구한다.
- 이자율을 잘 흥정하는 편이 차 값을 몇 푼 깎는 것보다 결과적으로 돈을 절약할 수 있다. 총 할부 기간 동안 내는 이자 합계를 계산해 본다.
- 계약한 할부 기간보다 일찍 갚을경우(early payoff) 불이익은 없는 지 물어본다. early payoff할 때 원금만 갚으면 되는 경우도 있고, 이자까지 다 갚아야 하는 경우도 있다. 때로는 계약 변경에 따른 벌금을 낼 수도 있다.

**Tip**

**Early Payoff**
계약한 할부 기간 이전에 융자금을 다 갚는 것. 때로는 이자를 벌어 수익을 남기는 은행에서 잔액을 미리 갚는 데 대한 벌금을 부과하기도 한다. 계약을 할 때 미리 early payoff penalty가 없도록 해달라고 요청하는 게 좋다.

## ∷ 중고차의 거래

- 중고차를 살 때는 VIN(Vehicle Identification Number)을 조회해본다. 사고 기록 등을 알 수 있다.
- 중고차도 융자해서 살 수 있다.
- 차를 사기 전에 inspection을 받는다. 중고차 전문 거래 잡지에 광고가 나오기도 하고, 주유소에 딸린 정비소 등에서 많이 해준다. 아주 전문적인 inspection은 아니지만, 대략적으로는 잡아준다. 1시간가량 소요되고 비용은 50달러 내외다.

자동차 등록 번호
**VIN**
: Vehicle Identification Number

**Word**

미결제의, 미해결의
**outstanding**

선취 특권, 담보권
**lien**

- seller에게 vehicle title을 받는다. 이때 seller와 함께 자동차의 현재 마일리지를 확인하고 title에 적는다. title에 적힌 VIN과 자동차의 VIN이 일치하는지도 확인한다.
- title에는 자동차의 매매 가격, 날짜, 사는 사람의 이름, 주소, seller의 사인(날인)이 있어야 한다.
- buyer의 사인과 날짜를 적는다.
- 해결되지 않은 융자가 남아 있는지도 확인한다(outstanding lien).
- 면허국에 가서 tax와 transfer fee를 내고 등록한다.

## :• 중고차 광고 읽기

**07 FORD FUSION SE**
Only 32K Miles & Like Brand New! All Power Option w/ Leather,
Automatic Transmissions,6-Disc CD, MP3, Alloy Wheels,
Cruise Control & AC! Perfect 4 Any Commuter! #KP2222
(866)333-3333                    $14,999

위의 그림은 딜러에서 낸 광고이다. 위에 딜러 사인과 다른 차들이 보이고, 전화번호는 수신자 부담(866)이다. 개인이 내는 광고는 보통 집 앞 driveway에서 사진을 찍어 올리는 경우가 많다.

32K는 3만 2000마일을 나타낸다. 1000단위는 이렇게 K로 표시하곤 한다. w/는 with를 줄여 쓴 것이다. 맨 마지막 줄의 Perfect 4 Any Commuter에서 4는 for를 뜻한다.

# 자동차 구입 시의 대화

여러 딜러에 전화해서 견적을 알아본다(To get a quote from multiple dealers).

I'm looking for a 2009 Toyota Camry LE, automatic.
2009년 도요타 캠리 LE 오토매틱을 찾고 있습니다.

I'm not too fussy about the color but I don't want red.
색은 크게 상관없는데, 빨강은 싫어요.

I want ABS and side airbags. What do you have on your lot?
ABS와 사이드 에어백 원합니다. 당신네 딜러에는 어떤 종류가 있습니까?

딜러에서

I've been offered this car at this price. If you beat it, I'll buy it from you.
(다른 딜러에서) 이 차를 이 가격에 제안받았는데, 당신이 이 가격보다 잘 줄 수 있다면 당신에게 사겠습니다.

Can you match the other dealer's price?
다른 딜러의 가격과 같이 해줄 수 있나요?

What kinds of service are included with the purchase? Such as oil change, warranty….
자동차를 사면 어떤 서비스가 포함되나요? 오일 교환이나 워런티 등….

Do you have any special promotions, like rebates or incentives?
리베이트나 인센티브 같은 특별한 판촉 행사가 없나요?

Do you have any special discounts related to my occupation?
(student, education, engineer…).

직업에 따른 특별 할인은 없나요? ( 학생, 교육자, 엔지니어…).

Do I have time to bring it back?

(구매 후 마음에 안 들 경우) 다시 가져올 수 있나요?

May I have one or two days before I make a decision?

구매 결정 전에 하루 이틀 정도 몰아볼 수 있나요?

**중고차 광고를 보고 전화해서 무엇을 물어볼까?**

★　　　mileage, year, color, model, A/C 등은 광고에 거의 필수적으로 나오는 항목이다.

Hi, I'm calling you about your car sale advertisement.

당신의 중고차 세일 광고를 보고 전화했어요.

May I ask a couple of questions about your Lexus?

당신의 렉서스에 대해서 몇 가지 물어봐도 될까요?

Are you the first owner of this car? (the only owner?)

당신이 그 차의 처음 주인입니까? (유일한 주인인가?)

Has it been involved in any accidents?

사고 난 적이 있었나요?

Where did you repair it? Dealer? Local mechanic/body shop?

어디에서 고쳤나요? 딜러에서? 동네 정비소에서?

## Is it automatic or manual?

오토입니까? 기어입니까?

## Can I see it?

볼 수 있을까요?

## How are the tires? Are they pretty new?

타이어는 어떤가요? 비교적 새 타이어인가요?

## What kind of driving do you use it for mostly? (city?/highway?)

차를 보통 어떻게 사용했나요? (시내 주행? 고속도로 주행?)

## Do you have kids or animals that ride in it?

아이나 애완동물이 차에 타고 다녔나요?

## Do you have the maintenance records?

정비 기록이 있나요?

## Has there been any major work done on it? Like muffler, transmission, alternator···.

큰 정비를 한 적이 있나요? 머플러나 변속기, 발전기 등···.

## May I have your permission for a mechanic to look at the car before I make a decision?

사기 전에 정비사가 차를 볼 수 있게 해줄 수 있나요?

---

※ 견적(하다) **quote** / 까다로운 **fussy** / 제안하다 **offer** / ~을 능가하다, 이기다 **beat** / 대등하다 **match** / 직업 **occupation** / 결정하다 **decide, make a decision** / 허락, 허가 **permission** / 허가하다, 허가증 **permit** / **pretty** 가장 대표적인 사전적 의미는 '예쁜'이지만, 구어체에서 '제법', '꽤', '상당한' 같은 의미로 많이 쓰인다. / 광고 **advertisement** TV 광고는 TV commercial이라고 하고, 전단지 광고는 flyer라고 한다.

# 자동차 용어

우리가 알고 있는 영어로 된 자동차 용어가 미국에서는 다르게 쓰이기도 한다.

- 핸들     ○     **steering wheel**
- 안전벨트     ○     **seat belt**
- 벨트를 매다     ○     **fasten the seat belt / buckle up**
- 수동 기어     ○     **manual shift**
- 자동 기어     ○     **automatic shift**
- 자동차 전면 유리창     ○     **windshield**
- 윈도 브러시     ○     **wiper**
- 본네트     ○     **hood**
- 사이드 브레이크, 핸드 브레이크     ○     **parking break**
- 경적     ○     **horn**
- 백미러     ○     **rearview mirror**
- 방향 지시등(깜박이)     ○     **turn signal**
- 후미등     ○     **tail lamp**

# 07 자동차 보험

## :• 자동차 보험의 이모저모

- 차량 등록할 때 보험이 있어야 한다. liability(책임 보험)는 의무 조항이다.
- 리스나 융자를 받아 차를 딜러에서 샀을 경우, 보험이 있어야 딜러에서 차를 가지고 나올 수 있다.
- 국제 면허로 차를 구입해 보험을 들 수 있다(주에 따라 다르다).
- 처음 미국에 와서 면허를 받으면 운전 경력이 없어 높은 보험료가 책정된다.
- 보험 회사(또는 에이전트)에 따라 한국에서 운전한 경력을 인정해주는 곳도 있다. 이럴 경우를 대비해 한국에서의 보험 기록을 영문으로 떼어온다.

 Word

책임
**liability**

보상 범위
**coverage**

현지인이 직접 전하는 미국 생활 INFO **192**

보험료
**premium**

공제 금액
**deductible**

## •• 보험료를 결정하는 요인들

- 보험 회사.
- **운전자** : 경력, 운전 기록, 거주하는 지역, 나이, 성별, 결혼 여부, 운전자의 수.
- **차량** : 차의 종류, 보험에 포함되는 차의 수, 차의 용도.
- 보험의 보상 범위(coverage).
- 공제 금액(deductible)의 액수.
- 차를 리스했을 때나 융자해서 살 경우는 금융 기관에서 요구하는 수준의 coverage를 들어야 한다(높은 coverage).

*Tip*

### Deductible(공제 금액)
보험 가입자가 보험 혜택이 적용되는 금액 이전에 내야 하는 돈. 예를 들어 deductible이 300달러라면, 사고 나서 300달러까지는 보험 가입자가 우선 내야하고 그 이상의 금액을 보험 회사가 보상 처리를 해준다.

## •• 보험 에이전트

보험 중개인
**insurance agent**

에이전트를 통해서 보험을 든다고 반드시 더 많은 돈을 내는 것도 아니다. 잘 활용하면 편리하고 싸게 보험에 가입할 수 있다.

- 처음 미국에 오면 운전 경력이 없어서 큰 보험 회사들이 보험을 잘 받아주지 않으려 한다. 이때 에이전트를 통하면 비교적 쉽게 보험을 들 수 있다.
- 사고 시 보상 처리를 하는 데 도움이 된다.

보험 에이전트

- 여러 회사의 보험을 취급하는 에이전트를 이용하면 가격을 비교하기 편리하다.
- 에이전트도 여러 곳을 알아보고 가격을 비교한다.
- coverage, deductible 등을 대략적으로 정해서 에이전트와 상담한다.

 Word

보험증
**insurance card**

보험 가입자
**insured**

보험업자, 보험 회사
**insurer**

보험 회사에 보상을 청구하다
**claim**

## ∙∙ 보험 가입 시 필요한 것들

- **차량 정보** : 차종, 연식, VIN.
- **운전자 정보** : 면허증, 신분증, 주소, 생년월일 등.
- **보험료**

## ∙∙ 보험 가입 시 유의 사항

- 여러 보험을 알아본다. 이때 coverage와 deductible이 같은 조건에서 비교한다.
- **coverage나 deductible을 조정한다** : coverage를 낮게, deductible을 높게 잡으면 보험료는 싸지지만, 사고가 날 경우 보험이 있어도 별로 도움이 안 될 수 있다.
- 국제 면허증으로는 보험료가 매우 비싸므로 가능한 한 빨리 미국 면허를 취득한다.
- **discount를 활용한다** : 보험 회사에 어떤 할인 혜택이 있는지 물어본다. 두 대 이상을 함께 들 때, 집이나 기타 보험과 함께 들 때, 금연가,

※ deductible이 낮으면 premium이 늘고, deductible이 높으면 premium이 줄어들기 때문에 잘 고려해서 정한다.

현지인이 직접 전하는 미국 생활 INFO

도난 방지 시스템, 에어백, 우등 학생 운전자, 엔지니어, 공무원 할인 등 다양한 혜택이 있다.

• 보험은 보통 6개월 단위로 하며, 일시불로 납입하면 나눠 내는 것보다 약간의 할인 혜택이 있기도 하다.

• 보험 증서 및 각종 약관 서류가 집으로 배달된다. 이 중 보험 가입증은 차에 비치한다.

• 보험은 언제든지 변경이 가능하고 필요에 따라 추가, 삭제 등의 조정이 가능하다.

• 만기가 되기 전에 보험 회사에서 갱신 서류를 보내주므로, 이때는 특별한 절차 없이 보험료만 내면 된다.

## ∙∙ 이런저런 보험 회사들

### ❶ AIG 보험

AIG International Program은 처음 미국에 와서 아직 미국 면허가 없는 사람에게 보험을 들어준다. 한국에서의 운전 경력을 인정해준다. 학생 비자, 취업 비자, 종교 비자, 투자 비자, 교환 교수 등은 인정이 되지만 방문 비자(B1, B2)는 해당이 안 된다. membership fee를 내야 한다(1년에 학생 250달러, 다른 경우 400달러). 이 international service에 가입하면 여러 가지 혜택이 있다고 하는데, 그리 대단한 건 없는 것 같다.

### ❷ AAA(American Automobile Association : 일명 '트리플에이'라고 한다)

AAA의 자동차 보험은 agent를 끼지 않고 직접 하기 때문에 가격 면에서 좋다고 한다. 하지만 이것보다 더 저렴한 곳도 많다. AAA의 자동차

**~경력을 인정해주다**
give credit for

**견인**
towing

**자물쇠 제조공**
locksmith

**급유**
refueling

보험을 들면 AAA membership 서비스를 받을 수 있다. 자동차 보험 없이 그냥 AAA membership만 살 수도 있다. membership service는 도로에서 차가 섰을 때 emergency towing 및 급유, locksmith(열쇠 분실 시 문을 열어주는 서비스), 연계된 호텔, 상점에서의 할인 등이 있다.

### ❸ GEICO, Progressive 등 인터넷으로 직접 가입하는 회사들

운전 기록이 좋을 경우 가격 경쟁력이 있다. 사고 시 본인이 직접 전화를 걸어야 하는 등 해결해야 할 부분이 많은 편이다.

## ∴ 사고가 났을 때 보험 처리 절차

### ❶ 양쪽 운전자가 운전자 정보, 보험 회사 정보, 차량 정보를 교환한다

- 보험 가입자 이름, 사고 낸 운전자 이름, 면허 번호, 집 전화, 집 주소, 직장 전화, cellular phone, 차 종류, 차 번호, 사고 장소 및 경위 등.
- 증인이 있으면 확보하고, 카메라가 있으면 현장을 찍어둔다.

교통사고
**traffic accident**

(교통사고를) 일으키다
**cause a traffic accident,
be in a traffic accident**

부딪치다
**bump into/against,
crash into/against**

*body shop* 사고로 차체가 변형된 차의 외관을 고치는 곳이다.

충돌
**collision, crash**

자동차의 충돌 사고
**car crash**

찌그러지다
**be dented**

정면 충돌
**head-on collision**

측면 충돌
**broadside colli-sion**

접촉 사고
**minor collision, fender-bender**

사소한 긁힘
**dings & scratches**

❷ **보험 회사에 보상을 청구한다**

- 각 보험 회사의 사고 처리 담당자가 사고 경위를 확인하기 위해 연락을 한다.
- **조사 및 배상 금액 측정** : 사고의 원인 및 과실을 조사하는 데 며칠에서 몇 주일까지 걸릴 수 있다.
- 신체의 보상 청구도 해당 보험 회사에 보낸다.

❸ **보상금 지급**

※ 보험 회사에 따라 한국어 통역을 받을 수 있다. 에이전트가 있으면 도움을 받을 수 있다.

## ∙∙ 과실 여부에 따른 보험의 보상

❶ **가입자의 과실**

- **자동차의 피해** : 가입자의 보험으로 처리하며 liability만 들었을 경우, 본인의 자동차는 보험으로 고칠 수 없다.
- **신체의 부상** : 가입자나 본인의 Personal Injury Protection으로 처리한다. P.I.P.에 따라 본인의 의료보험으로 먼저 치료하기도 한다.

❷ **상대방의 과실**

- 상대방의 보험으로 처리한다.
- 본인의 보험으로 처리하고 양쪽 보험 회사끼리 처리하도록 한다.

※ 주에 따라서는 no fault 보험을 규정해 과실의 여부에 관계없이 자기의 피해는 자기 보험으로 처리하기도 하다.

❸ **쌍방의 과실**
- 각각 자신의 보험으로 처리한다.

❹ **뺑소니 차량으로 인한 피해**
- 자신의 보험에 Uninsured/Underinsured Motorist 조항을 가입했다면, 자신의 보험으로 처리할 수 있다.

## ∙∙ 경찰 리포트

- 보험 처리 시 경찰의 리포트가 없어도 가능하지만, 있으면 나중에 서로 다른 소리를 하지 않으니까 확실하다.
- 경찰서 리포트가 완료되면 며칠 후 사고 지역의 경찰서에서 pick up 할 수 있는데, 이때 내용이 잘못되어 있으면 정정을 요구한다.

## ∙∙ 차량의 피해 시

- 자동차 정비업체에서 견적을 받아본다. 본인 과실의 가벼운 사고는 보험 처리를 할 것인지를 결정하기 위해 견적을 받아보는 것이 좋다.
- 차만 망가진 경우는 양쪽 보험 회사에서 대부분 알아서 처리하니까 별로 걱정할 필요 없다.

## ∙∙ 신체의 부상

- 부상자가 있을 경우, 함부로 환자를 움직이지 않는다. 더 큰 부상을 입을 수도 있고, 도와주려다 나중에 부상자 측으로부터 소송을 당할 수도 있다(매우 야박한 말 같지만, 이것이 미국의 현실이다).

Word

추돌하다
**rear-end**

합의
**negotiate,
reach a consen-
sus/agreement**

198

현지인이 직접 전하는 미국 생활 INFO

- 병원에서 치료받을 경우, claim number를 주면 병원에서 보험 회사로 청구한다.
- 병원에서 환자에게 우선 지불하라고 할 경우는 그렇게 처리하고, 보험 회사에 본인이 직접 보상을 청구한다.
- 상대방 과실로 사고가 나서 몸이 다친 경우는 많은 사람이 변호사를 선임한다(미국은 의료비가 비싸기 때문에 제대로 치료를 받으려면 병원비가 많이 든다).

## •• 당사자끼리의 합의

- 가벼운 접촉 사고는 운전자끼리 현금을 주고받으면서 해결하기도 하는데, 이런 경우에도 반드시 운전자 정보를 주고받아야 한다.
- 내가 돈을 물어줘야 할 경우 현찰보다는 차주 이름으로 check를 주고, 간단하게라도 합의서를 작성해둔다. 또 몸은 다치지 않고 차만 약간 부서졌다면 나중에 몸이 아프다는 이유로 소송을 하지 않겠다는 조항을 넣어 사인하도록 한다.

# 사고 경위의 설명

The car crashed into the wall. / I drove my car into a wall.
자동차가 벽에 부딪쳤다.

There was a loud crash as someone rear-ended me.
누군가가 내 차를 추돌했을 때 부딪치는 소리가 엄청 크게 났다.

When I stopped for the red light, someone bumped me from behind.
내가 빨간 신호등에 섰을 때 누군가가 뒤에서 받았다.

I put on my brakes but the car skidded on the slippery road.
브레이크를 밟았지만, 길이 미끄러워 차가 미끄러졌다.

No one was injured and there wasn't much damage to either car.
다친 사람은 아무도 없고, 양쪽 차들도 많이 파손되지 않았다.

His car was badly dented in a collision.
그의 자동차는 충돌해서 심하게 찌그러졌다.

I lost control.
중심을 잃었다.

I was hit on the passenger side.
옆에서 받혔다.

※ 브레이크를 밟다 **put on the brake, step on the brake** / 미끄러지다 **slide, slip, skid** / 미끄러운 **slippery** / 손해 **damage** / 움푹 들어가다 **dent** / T형으로 옆에서 부딪치다 **T-boned**

현지인이 직접 전하는 미국 생활 INFO

## 보험 회사에 전화해 신고할 때

Insured   Hi. I would like to report an accident
자동차 사고가 났어요.

Insurer   Who was at fault?
누가 사고를 냈나요?

Insured   I was. / Another car was.
제가요. / 다른 차가요.

Insurer   Are you hurt? Is anyone hurt?
부상을 입었나요? 또 다친 사람 있나요?

Insured   Yes. I need to go to a hospital. / No, just the car was damaged.
네. 병원에 가야 해요. / 아니요. 그냥 차만 망가졌어요.

## 보험 증서 읽기

AMERICAN
Insurance.
A company of The Hanover Insurance Group

**American Insurance Company**

Alumni Association Group

Personal Auto Policy Declarations

**Policy No.** 99 A1B 23456

0CM

01

**Policy period** 03/23/09 - 09/23/09

| Named Insured: | MINAM HAN<br>SOOJIN KIM<br>100 CENTRAL AVE. APT#101<br>LOS ANGELES, CA<br>90027 | Agent: | INSURANCE ADVISORS, INC.<br>100 COMMERCE ROAD<br>COMMERCE, CA      90022<br>(213) 765-4321 |
|---|---|---|---|

| | Vehicle Description | Vehicle Number | Territory | PIP/Rate Code |
|---|---|---|---|---|
| 1) | 09 HYUN SONATA | ABCDEFG1234567890 | 232 | 1 000 |
| 2) | 06 FORD TAURUS | A0B1C2D3F4G567890 | 232 | 1 000 |

Insurance is provided where a premium is shown for the coverage:

|  | VEHICLE 1 | VEHICLE 2 |
|---|---|---|
| **Liability Coverages** | | |
| 책임 보험 → Bodily Injury: $100,000 Each Person $300,000 Each Occurrence | 36.00 | 30.00 |
| Property Damage: $100,000 Each Occurrence | 3.00 | 2.00 |
| Uninsured/Underinsured Motorist: | | |
| $100,000 Each Person, $300,000 Each Occurrence | 14.00 | 14.00 |
| Accidental Death Benefit: $20,000 | Included | Included |
| Personal Injury Protection: Medical Excess $300 Deductible | 46.00 | 40.00 |
| Property Protection Insurance Coverage: $1,000,000 Each Occurrence | 5.00 | 4.00 |
| Limited Property Damage | 2.00 | 1.00 |
| Personal Injury Protection Full Coverage | | |
| Work Loss: Income Benefits/Replacement Services | 18.00 | 16.00 |
| **Physical Damage Coverages** | | |
| 자차 보험 → Other than Collision (Comprehensive) $250 Deductible | 19.00 | 28.00 |
| Broad Collision $500 Deductible | 127.00 | 152.00 |
| **Other** | | |
| Programs Required by State Laws | 63.00 | 63.00 |
| | 333.00 | 350.00 |

Your Total Premium for the Policy Term is $ 683.00

*Additional Policy Information on Reverse Side*

P360394
5,611

ORIGINAL/INSURED

Page   1

## ❶ Liability Coverage(책임 보험)

### 1) 대인(Bodily Injury)과 대물(Property Damage)

대인과 대물에 해당하는 보험을 들어야 한다. 대부분의 주에서 이에 대한 보험 가입이 의무로 되어 있다.

주에 따라서는 보상 지불 최고 한도액이 정해져 있기도 하다. 보상액을 얼마로 잡느냐에 따라 보험금이 차이가 나지만, 미국은 의료비가 워낙 비싸고 자동차를 고칠 때 인건비가 많이 들기 때문에 보상액을 너무 적게 잡으면 막상 사고가 났을 때 한도액을 넘기게 된다.

## 2) Uninsured/Underinsured

상대방 운전자가 무보험이거나 보험이 있으되 보상이 부족할 때, 도주 차량으로 피해를 입었을 때 보험 회사가 보험 가입자에게 보상을 해준다.

## 3) Personal Injury Protection; Medical Excess $300 Deductible

300달러까지는 본인이 내고 그 이상의 의료비는 보험이 커버한다. 다른 의료보험이 없는 경우는 full coverage가 좋고, 의료보험이 있을 경우 excess coverage로 하면 사고 시 우선적으로 의료보험이 커버하므로 자동차 보험비가 적게 책정된다.

## ❷ Physical Damage Coverage(자차 보상)

### 1) Other than Collision(Comprehensive) $250 Deductible

본인의 과실로 인한 자차의 보상으로, 충돌 외의 다른 이유로 인한 차의 상해 시 250달러까지는 본인이 부담하고 그 이상의 금액은 보험에서 커버한다.

### 2) Broad Collision $500 Deductible

본인의 과실로 충돌해 차가 망가졌을 때 500달러까지는 본인이 부담하고 그 이상의 금액은 보험에서 커버한다. liability에 비해 자차 보상의 보험비가 상대적으로 높게 책정된다.

※ liability, comprehensive, collision을 모두 보장받는 보험을 full coverage로 들었다고 한다.

※ 위의 샘플 보험 증서는 보험 내역을 설명하기 위해 임의로 작성한 것이다. 지역의 보험 시세를 반영한 것이 아니므로 보험비 가격 비교의 근거로 삼을 수 없다.

## 08
# 자동차 소유권 이전 및 등록

## ∴ 자동차 소유권

**Word**

- vehicle title, car title이라고 하며, California에서는 종이가 분홍색이라서 일명 pink slip이라고도 한다.
- 보통은 면허국에서 자동차 소유권 이전과 차량 등록을 같이 하지만, 주에 따라 서로 다른 곳에서 담당하기도 한다.
- 소유권 증서에는 VIN #, 자동차 연식, 제조 회사, 자동차 종류와 모델, 소유자의 이름 및 주소 등이 적혀 있다.
- 차를 사고팔 때는 반드시 이 증서를 주고받아야 한다.
- 딜러에서 차를 살 경우 서류 작성 및 등록을 해준다.
- 개인에게서 중고차를 살 경우 전 주인에게 받은 title을 가지고 면허국에 가서 직접 소유권 이전 및 등록을 한다. 이 경우 title에 전 주인의 사인 및 몇 가지 기록해야 할 것들을 받아야 한다(◐ 자세한 내용은 185~186쪽 참조).

자동차 소유권
**vehicle title**

소유권 이전
**transferring the title, title transfer**

소유권 증서
**certificate of title**

**VIN #**
Vehicle Identification Number

**Word**

유치권, 저당권
**lien**

자동차 등록
**vehicle registra-
tion**

자동차 번호판
**license plate**

갱신
**renewal**

갱신하다
**renew**

만기일
**expiration date**

※ 소유권(title)만 갖고 등
록을 하지 않을 수도 있
다. 이 경우 당연히 차는
몰고 다니지 않는 것으로
한다.

• 주에 따라서는 할부가 완료(payoff)되어야 title을 받는 경우도 있고, 처음 차를 인도했을 때 title이 오기도 한다. 이 경우는 title에 융자해 준 금융 기관의 이름이 명시되어 있다(release of first lien).

## ∴ 자동차 등록

• 새 차의 경우, 소유권 이전과 등록을 동시에 한다.

• 차를 새로 구입했을 때, 가족이나 친지 등에게 받았을 경우, 다른 주에서 이주했을 경우 본인의 이름으로 차량을 등록해야 한다.

• 중고차의 경우, 전 주인이 쓰던 번호판(license plate)을 계속 쓸 수도 있고, 전 주인이 번호판을 계속 갖고자 하면 새 번호판을 받을 수도 있다. 또한 차를 팔더라도 번호판을 transfer하면 같은 번호판을 새 차에 계속 쓸 수 있다. 약간의 transfer fee만 내면 된다.

• 돈을 더 내면, 다양한 번호판 디자인이나 원하는 특별한 숫자나 문자로 번호판을 주문할 수도 있다.

• 맨 처음 등록일에 상관없이 등록 갱신(license plate renewal)은 등록자의 생일날까지이다. 면허증 갱신일도 보통 생일날까지이다. 주에 따라서는 등록 갱신 시 smog & emission check를 받아야 하는 주도 있다. 공인된 장소에서 smog check를 받고 그 증명을 제시하면 된다.

• 등록 갱신은 집으로 메일이 오는데, 면허국에 직접 가거나 메일, 전화, 인터넷으로 지불하면 집으로 등록증과 스티커(tab)가 온다. 등록증은 차에 보관하고, 새 스티커는 plate의 정해진 곳에 붙이면 된다. 매년 스티커 색이 다르고 등록 기한(년도, 월)이 적혀 있다.

• 큰 보험 회사들과는 자동적으로 본인의 보험 가입 정보가 면허국과 연계되어 있지만, 그렇지 않은 경우는 처음 등록할 때뿐 아니라 매년 renew할 때 보험증을 제시해야 한다.

## 09
# 자동차 정비 및 수리

## ∶• 생산자 품질 보증

 Word

- 자동차 회사가 차량 전체 또는 일부에 대해 일정 기간 품질을 보증하고, 고장 시 무상으로 수리하는 것을 생산자 품질 보증이라 한다.
- 보증 기간과 품목은 회사별로 다르기 때문에 차량 구입 시 확인할 필요가 있다. 일반적으로 새 차 구입 시 별도의 품질 보증 안내서를 받는다.
- 보증 기간 내에 고장이 날 경우는 해당 회사의 공식 딜러에 가야만 무상으로 수리받을 수 있다.
- 중고차를 구입했더라도 보증 기간 내에는 서비스를 받을 수 있다.

생산자 품질 보증
**manufacturer's
warranty**

## ∶• 정기 점검

엔진 오일, 브레이크, 부동액, 배터리 등 소모성 부품은 생산자 품질 보증 품목에 해당되지 않고 자동차 소유주가 정기적으로 점검해야 한다.

정기 점검
**scheduled main-
tenance**

정기 점검 해당 부품과 점검 및 교환 주기는 회사와 차종에 따라 다르기 때문에 새차 구입 시 제공되는 정기 점검 안내서를 참조해서 잊지 않고 점검 및 소모성 부품 교환을 하는 것이 고장을 예방하는 가장 좋은 방법이다.

최신 차종의 경우 정기 점검 시기가 되면 계기판에 안내등이 들어오므로 점검 시기를 놓칠 우려는 없다.

### ❶ 일반적인 정기 점검 항목 용어

| | | |
|---|---|---|
| • 엔진 오일과 필터 | ➔ | **engine oil and oil filter** |
| • 타이어 위치 교환 | ➔ | **tire rotation** |
| • 브레이크 패드 | ➔ | **brake pad** |
| • 브레이크 라이닝 | ➔ | **brake lining** |
| • 브레이크액 | ➔ | **brake oil** |
| • 엔진 공기 필터 | ➔ | **engine air filter/air cleaner element** |
| • 실내 공기 필터 | ➔ | **cabin air filter** |
| • 스파크 플러그 | ➔ | **spark plug** |
| • 변속기 오일 | ➔ | **transmission fluid/oil** |
| • 팬 벨트 | ➔ | **drive belt** |
| • 엔진 냉각수(부동액) | ➔ | **engine coolant** |
| • 타이밍 벨트 | ➔ | **timing belt** |

### ❷ 어디서

#### 1) 딜러(Dealer)

미국에는 자동차 회사 직영 정비소가 없다. 딜러는 개인 또는 독립 법인이 소유하고 자동차 회사와 프랜차이즈 형식으로 판매 및 정비 서비스를 대행한다. 같은 자동차 회사의 딜러들이라도 주인이 다르다. 따라서 점검/수리비도 딜러에 따라 다를 수 있다. 일반 정기 점검 항목의 경우 개인 정비업소나 정비 전문 체인점보다 비싼 편이다. 딜러 중에는 정기 점검 안내서에 있는 것 이외의 점검을 권하는 경우도 있는데 고장이 아니라면 굳이 받을 필요가 없다.

## 2) 경정비 업소

여러 가지 체인점이 많다. 타이어 전문, 브레이크 전문 등. 엔진/변속기 오일 교환 전문 체인은 대부분 예약 없이 서비스가 가능하다. 정기 점검 항목들은 경정비 업소를 이용하는 것이 경제적일 수 있다. 하지만 엔진이나 변속기 등의 주요 부품 고장이 의심되면 딜러

자동차 경정비 업소

에서 수리하는 것이 안전하다. 미국에는 40개가 넘는 자동차 회사의 차량이 팔리고 있고, 경정비 업소가 이 모든 회사 차들에 대한 정비 능력을 보유하는 것은 현실적으로 불가능하기 때문이다.

※ 간단한 경정비는 딜러에 가지 않아도 되는데, 집에 각종 정비업소의 쿠폰이 많이 배달되니 이를 활용하면 저렴하게 정비를 받을 수 있다.

※ 엔진 오일 교환 LUBE가 들어가는 상호는 대부분 엔진 오일을 교환해주는 곳이다.

**Tip**

## Body Shop

차체가 변형된 사고 차량을 전문으로 수리하는 정비소를 보디숍이라고 한다. 사고 차량은 제조 회사와 상관없이 대부분 보디숍에서 수리하게 되고 보험이 있는 경우 보험 회사에서 수리비를 지불하기 때문에 대부분 보험 회사와 밀접한 관계가 있다. 보디숍을 운영하는 딜러는 극히 일부이다.

외국에서 생활할 때 신나는 즐거움 중 하나, 새로운 음식 시도해보기. 다국적 사람들이 모여 있는 곳이니만큼 다양한 먹을거리들이 즐비하다. 소규모 문화 교류가 이루어지기도 하는 음식 나누기. 먹는 일이 즐거워진다. 물론… 손맛 제대로 들어간 한국 음식이 그리운 것만 빼놓는다면. 밥도 지을 줄 모른다고? 그렇더라도 두려워 말자. 미국에 오면 누구든 반은 애국자, 반은 요리사가 된다고들 하니까. 어디에 가서 무엇을 사야 하는지 알아보기로 하자.

델리를 겸한 레스토랑

# 쇼핑과
# 레스토랑

grocery market의 냉동식품 코너

영어 회화 시간에 빼놓지 않고 배우는 식당에서의 대화. 옷가게에서 쓰는 말들…. 얼마나 정확하고 쓸모가 있을까? 실제로 식당에 갔을 때나 옷을 사러 갔을 때 어떤 일들이 나를 당황스럽게 만드는지 하나하나 짚어보기로 하자.

OI

# 무엇을 어떻게 먹고 살까

## ∴ 먹을거리 사러 가기

**Word**

- 한인들이 모여 사는 곳이라면 한국 마켓 하나쯤은 있겠지만, 없다고 해도 그리 걱정할 필요는 없다. 요즘엔 인터넷을 통해 주문할 수도 있고 아쉬운 대로 중국 마켓을 이용할 수도 있다. 중국 마켓마저도 없는 곳이라면…. 그래도 걱정 마시라. 미국 마켓에서도 얼마든지 대용 식재료를 찾아낼 수 있다.

- 한국과 다른 점 중 하나. 미국의 슈퍼마켓은 배달을 안 해준다. 다만 부피가 큰 물건의 경우에는 배달료를 따로 받고 물건을 가져다준다.

- 요즘은 마켓에 갈 때 장바구니를 들고 다니는 추세이다. 장바구니를 들고 가면 10센트 정도 깎아주는 곳이 점차 늘어나고 있다.

장보기
**grocery shopping**

슈퍼(식료품 마켓)
**grocery market**

배달
**delivery**

배달비
**delivery charge**

## 식료품 마켓의 종류

**창고**
**warehouse**

### ❶ Warehouse

창고 도매점으로 Sam's Club, Costco, 한국의 이마트, 프라이스클럽, 코스코 등이 이에 해당한다.

### ❷ Grocery Store

한국의 슈퍼마켓을 생각하면 된다. 식료품만 취급하는 곳도 있고 공산품까지 모든 생활 잡화를 취급하는 곳도 있다.

### ❸ Convenience Store

CVS와 같이 약을 주로 판매하면서 간단한 생활 잡화를 팔거나 주유소에 딸려 있으면서 간단한 식음료도 같이 판매하는 작은 상점.

## 마켓에 가면

**Reg.**
regular price

### ❶ Buy One Get One Free

하나 사면 하나 공짜! 이때에는 꼭 2개를 집어야 한다. 하나이거나 2개이거나 값은 같다는 뜻.

※ 한국에서는 1+1이라고 함.

### ❷ 2 for $5.00

이 표시는 2개 사면 $5.00. 아마도 그 밑에 조그맣게 이렇게 쓰여 있을지도 모른다. Reg. $ 3.99. 이것은 보통 때에는 하나에 $3.99라는 뜻. 이럴 때에는 하나만 사도 될까? 그렇다. 보통은 하나만 사면 $2.50로 계산한다.

그러나 보다 정확하게 알고 싶다면 이렇게 물어보자.
Can I buy just one of these at the sale price?

### ❸ Buy 10, 11th free
10개를 사면 하나를 공짜로 더 준다.

### ❹ Buy One, Get 2nd One Half
하나를 사면 두 번째 것은 반값. 이때는 대부분 equal or less value 라는 단서가 붙는다. 즉 두 번째 물건의 가격이 첫 번째 것과 같거나 그보다 적은 것이어야 한다는 뜻.

### ❺ $1.00 Per Pound와 $1.00 Each
야채, 과일, 캔디 등을 살 경우 이렇게 적혀 있는 푯말을 잘 살핀다. $1.00 per pound는 1파운드에 1달러. 무게는 계산대의 바코드 스캐너가 저울 역할도 하므로 계산원이 무게를 달아 가격을 매긴다. $1.00 each는 개당 1달러라는 뜻이다.

## ❖ 계산대에서

계산원은 다음과 같은 것을 묻는다.

### ❶ Paper or Plastic?
물건을 들고 계산대에 서면 계산원이 꼭 물어보는 말. Paper or Plastic? 종이 백에 넣을까요, 플라스틱 백(비닐 백)에 넣을까요? 간단하게 paper! 또는 plastic!이라고 답하면 된다.

비닐 백
**plastic bag**

음식을 싸는 랩
**plastic wrap**

쿠킹 포일
**alluminium foil**

**❷ Cash or Charge?**

현금으로 하시겠습니까, credit card로 하시겠습니까? charge는 credit card로 계산하는 것을 의미한다.

**❸ Credit or Debit?**

credit card로 하시겠습니까, 현금 카드로 하시겠습니까? 만약 debit please! 이렇게 말하면 또 한마디 묻는다. Do you want any cash-back?

**❹ Cashback**

cashback/cashout이란, 물건을 산 뒤 은행에서 바로 돈이 빠져나가는 debit 카드로 계산을 할 때, 가게에서 약간의 현금을 지급 받고 그날 산 계산서 합계에 받은 현금의 액수가 더해져 영수증에 찍히는 것을 말한다. 예를 들어 60달러의 물건을 사고 현금 20달러를 가게에서 받으면 그날 산 영수증에 80달러가 찍히고 은행에서 80달러가 빠져나간다는 얘기다.

cash를 잘 들고 다니지 않는 미국인에게는 은행까지 가지 않고 가게에서 돈을 찾을 수 있는 편리한 제도이다.

## ∵ 식품의 영어 이름

### ❶ 유제품

우유나 치즈, 요구르트, 버터 등은 유지방의 함량에 따라 세 가지로
구분된다.

- fat-free milk(skim milk 무지방)
- reduced fat milk(저지방) : 1% 또는 2%의 지방 함유.
- whole milk(전지방) : 적어도 3.25% 이상의 지방 함유.

### ❷ 쇠고기(Beef)

- tender loin(안심) : 구이, 스테이크, 바비큐, 산적.
- sirloin(등심) : 불고기, 전골, 로스구이.
- beef rib eye(채끝살) : 스테이크, 생고기구이, 로스편채, 주물럭,
  커틀릿, 샤브샤브, 불고기.
- beef round(우둔살) : 육회나 구절판, 나물 등의 고명, 산적구이,
  다진 고기용.
- beef eye of round(홍두깨살) : 장조림, 육회, 육포, 구절판.
- beef brisket(양지머리) : 국거리용.
- beef plate skirt(치맛살) : 국물을 내는 요리.
- beef chuck(장정육, 목심) : 전골, 탕, 조림, 스튜 등 국물 내는 요리.
- shank(사태) : 육회, 탕, 스튜, 찜, 장조림, 편육.
- beef ribs(갈비)
  - short ribs : 찜용, 갈비탕용으로 자른 갈비.
  - flanken ribs(LA갈비) : 마켓 정육점에 short rib은 많이 있으나 더 얇게
    자른 LA갈비는 흔치 않다. 이럴 때에는 short rib을 flanken style,

낙농 제품
**dairy product**

소
**cow**

쇠고기
**beef**

송아지
**calf**

송아지 고기
**veal**

돼지
**pig**

돼지고기
**pork**

닭(고기)
**chicken**

칠면조(고기)
**turkey**

**poultry**
: 식용 조류를 총칭해
  poultry라고 한다.

quarter inch로 잘라달라고 하면 적당한
크기의 LA갈비가 된다.

- 갈비(beef ribs) : 구이, 찜, 탕.
- 갈비 마구리(beef trimmed ribs) : 육수나
  갈비탕.
• ground beef(간 쇠고기)

grocery market의 고기와 유가공품 코너

*Tip*

미국 슈퍼에서 얇게 썬 불고깃감을 팔지는 않지만, 등심 등의 덩어리 고기를 사
서 원하는 두께로 잘라달라고 하면 된다. 고기 덩어리를 들고 정육부 직원에게
1/8인치로 썰어달라고 한다.

❸ **돼지고기(Pork)**

• shoulder loin(목심)

• ribs(갈비)

• belly(삼겹살)

• loin(등심) : 포크 찹, 돈가스.

• tender loin(안심) : 탕수육, 로스구이, 스테이크.

• baby back ribs(등갈비) : baby back ribs는 baby pig의 뼈 부위
  가 아니라 돼지 등뼈 중에서 꼬리 쪽에 가까운 작은 뼈 부위를 말
  한다. 큰 뼈 부위는 spare ribs라고 한다.

❹ 생선(Fish)

- **고등어** : mackerel
- **굴** : oyster
- **농어** : bass
- **다랑어(참치)** : tuna
- **대구** : cod
- **도미** : bream,
  red snapper

- **메기** : catfish
- **멸치** : anchovy
- **문어** : octopus
- **바다가재** : lobster
- **뱀장어** : eel
- **새우** : shrimp
- **송어** : trout

- **연어** : salmon
- **오징어** : cuttle-fish,
  squid
- **정어리** : sardine
- **조개** : clam
- **홍합** : mussel

❺ 과일(Fruit)

- **감** : persimmon
- **대추** : jujube, date
- **무화과** : fig
- **밤** : chestnut

- **살구** : apricot
- **석류** : pomegranate
- **앵두** : cherry
- **유자** : citron

- **은행** : gingko nut
- **탱자** : Chinese orange
- **포도** : grape
- **호두** : walnut

파머스 마켓

grocery market의 과일 코너

생산자들이 직접 물건을 들고 나와 판다. 1주일에 한 번 정도 열리는
시장으로 슈퍼와는 다른 장보는 재미가 있다.

현지인이 직접 전하는 미국 생활 INFO

### ⑥ 채소(Vegetable)

- **가지** : eggplant
- **감자** : potato
- **갓(겨자)** : mustard
- **고구마** : sweet potato
- **고추** : hot pepper
- **꽃양배추** : cauliflower
- **당근** : carrot
- **마늘** : garlic
- **무** : radish

- **배추** : Chinese cabbage
- **부추** : leek
- **상추** : lettuce
- **양상추** : iceburg
- **순무** : turnip
- **시금치** : spinach
- **양배추** : cabbage
- **양파** : onion
- **파** : green onion

- **오이** : cucumber
- **죽순** : bamboo shoots
- **피망** : bell pepper
- **호박(늙은 호박)** :
  pumpkin
- **단호박** : squash
- **애호박** : zucchini

### ⑦ 잡곡(Grain)

- **강낭콩** : kidney bean
- **귀리** : oat
- **대두** : soybean
- **된장** : soybean paste
- **두부** : tofu

- **메밀** : buckwheat
- **밀** : wheat
- **백미** : white rice
- **현미** : brown rice
- **찹쌀** : sweet rice

- **보리** : barley
- **완두** : pea
- **팥** : red bean
- **호밀** : rye

### ⑧ 쌀

미국에는 쌀의 종류가 무척 많다. 한국 사람들이
먹는 쌀은 short grain이라 하는데, 서양인이 먹
는 쌀보다 길이가 짧고 점도가 높다(glutinous
rice). 한국에서 흔히 안남미라고 하는 쌀은 long
grain이라고 한다.

grocery market의 채소 코너

## 조리법 명칭

| | | | |
|---|---|---|---|
| **beat** | ◐ 힘 있게 두드리며 섞는 것 | **marinate** | ◐ 양념에 담가 재우는 것 |
| **stir** | ◐ 휘젓기 | **boil** | ◐ 보글보글 끓이기, 삶기 |
| **chop** | ◐ 잘게 다지기 | **simmer** | ◐ 뭉근하게 끓이기 또는 뭉근하게 |
| **mince** | ◐ 다지기 | | 조리기 |
| **cube** | ◐ ½인치보다 크게 깍둑썰기 | **grill** | ◐ (석쇠에) 굽기 |
| **dice** | ◐ ½인치보다 작게 깍둑썰기 | **bake** | ◐ (오븐에) 굽기 |
| **grate** | ◐ 구멍이 작은 강판으로 갈아 작 | **steam** | ◐ 찌기 |
| | 은 입자로 만드는 것 | **sauté** | ◐ 기름에 살짝 튀기기 |
| **shred** | ◐ 구멍이 큰 강판으로 갈아 길고 | **deepfry** | ◐ 기름에 푹 잠기게 튀기기 |
| | 가는 조각으로 만드는 것 | **stirfry** | ◐ 기름에 볶기 |
| **grease** | ◐ 기름 바르기 | | |

## 자주 쓰는 식생활 명칭

| | |
|---|---|
| **potluck party** | ◐ 각자 음식을 가지고 모여서 나누는 파티 |
| **finger food** | ◐ 손으로 집어 먹기 편하게 만든 음식(bite size food) |

## 조리 기구

| | | | |
|---|---|---|---|
| **ladle** | ◐ 국자 | **peeler** | ◐ 껍질 벗기는 기구 |
| **spatula** | ◐ 주걱 | **zester** | ◐ 레몬 껍질 벗기는 기구 |
| **turners** | ◐ 뒤집개 | **masher** | ◐ 감자 으깨는 기구 |
| **tongs** | ◐ 집게 | **grater** | ◐ 치즈 가는 기구 |
| **strainer** | ◐ 체 | | |
| **whisk** | ◐ 거품기 | | |
| **skimmer** | ◐ 거름망 | | |

# 도량형 환산표

http://www.mok09.co.kr/data/change.htm

## 무게 Weight

1lb  ◐  16oz(ounces)  ◐  455g

1oz  ◐  30g

1근  ◐  600g ◐ 1.3lb

## 길이 Measurements

1inch ◐ 2.54cm

1feet ◐ 12inch ◐ 30.5cm

1mile ◐ 1.61km

## 부피 Volume

1teaspoon  ◐  5ml

1tablespoon  ◐  15ml

1cup  ◐  250ml

1quarts  ◐  1liter

1gallon  ◐  3.785liter

## 온도 temperatures

화씨 32도(32℉) ◐ 섭씨 0도(0℃)

| 화씨 | 212 | 300 | 325 | 350 | 375 | 400 | 425 | 450 |
|------|-----|-----|-----|-----|-----|-----|-----|-----|
| 섭씨 | 100 | 150 | 160 | 180 | 190 | 200 | 220 | 230 |

## 마켓의 무인 계산대

요즘은 마켓에 무인 계산대가 많이 등장하고 있다. 본인이 스캔하고 지불하고 물건을 담아서 나가는데, 스크린에 그 방법이 자세히 설명되어 있고, 직원의 도움을 받을 수도 있다.

스크린

카드 단말기

현금 넣는 곳

쿠폰 넣는 곳

쿠폰 나오는 곳

스캐너와 저울

거스름돈(현금 나오는 곳)

벨트

영수증 나오는 곳

## 무인 계산대 이용하기

**1** START를 누른다

**2** 스캔

바코드가 있는 제품을 스캔하면 스크린에 하나씩 표시된다. 스캔 후 물건을 봉지에 담는다(봉지 밑의 센서가 이를 감지한다).

바코드 없이 무게나 개수로 계산되는 과일, 채소 등은 물건을 올려놓고 제품 코드를 누른다. 제품에 붙은 스티커에 제품 코드가 있다. 제품 코드가 없는 경우는 이름과 그림을 가지고 찾을 수 있다. 그러면 기계가 무게를 달아 가격을 계산한다. 개수로 계산되는 것은 다시 개수(quantity)를 넣으라는 안내가 나온다.

원하는 지불 방법을 선택한다.

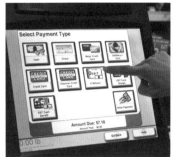

현금을 낼 경우는 현금 투입구에 넣는다.

카드는 기계에 slide한다.

debit을 쓸 경우 PIN number를 누른다.

영수증, 잔돈을 받는다.

# 사랑의 기술

　외국인을 대상으로 하는 English Conversation Class에 다니는 영애 씨. 오늘 토론의 주제는 요즘 읽고 있는 책에 관한 이야기. 그녀는 에리히 프롬의 『사랑의 기술』을 읽고 있었다. "I read a book, Technique of Love."* 영애 씨의 얘기를 들은 강사는 난감한 표정을 감추지 못하고, 어색해진 분위기를 바꾸려 지난 주말엔 뭘 하고 지냈냐는 질문을 다시 던졌다. 영애 씨는 조금 전의 뭔가 꺼림칙한 느낌을 만회하고 싶은 마음에 정확한 과거형 문장을 구사했다. "I played with my husband on Saturday night."**

　　이번엔 더욱더 얼굴을 붉히는 이 영어 강사…. 번번이 영애 씨의 이야기에 얼굴만 벌게지는 건 왜일까?

*Erich Fromm의 책 제목은 『The Art of Loving』. technique of love라는 말은 sexual한 의미를 담고 있다.

**play는 속어로 '다른 애인이 있음을 숨기고 …와 관계하다', '이중 플레이하다'라는 의미로도 쓰인다.

## 02
# 레스토랑

● 　　　　　　　　　외국 생활의 즐거움 중 하나는 새로운 음식을 시도해보는 것
이다. 물론 맛있는 한국 음식이 그리운 괴로움도 있겠지만 말이다. 영어 회화
시간에 빼놓지 않고 배우는 식당에서의 대화. 얼마나 정확하고 쓸모가 있을까?
실제로 식당에 갔을 때 어떤 일들이 나를 당황스럽게 만드는지 하나하나 짚어가
보자.

## ∵ 한국 식당과 다른 점

 Word

- 대부분의 식당에서는 직원이 안내할 때까지 입구에서 기다린다. 패
  스트푸드점이나 입구에 '원하는 곳에 앉으세요'라는 팻말이 있는 식
  당에서는 예외이다.
- 식대에는 부가세가 따로 나온다. 이 세금은 주마다 다르다.
- 식사 후 서빙을 해준 웨이트리스(웨이터)에게 팁을 준다. 물론 웨이
  터가 불친절하거나 마음에 안 들 경우 팁을 놓지 않는 것으로 불만을
  표시하기도 한다. 보통은 식대의 10~20% 정도를 팁으로 낸다.
- 대부분 웨이트리스(웨이터)마다 담당 테이블이 있다. 아무에게나 시
  키지 말고, 내 테이블 담당 웨이트리스(웨이터)가 안 보일 때는 지나
  가는 다른 직원에게 내 테이블 담당을 불러달라고 하는 편이 좋다.
  Could you get my waitress for me please?
- 계산은 현금으로 하든 카드로 하든 테이블에서 한다. 웨이트리스(웨

자리에 안내할 때까지
기다리세요
**Wait to be seated**

원하는 곳에 앉으세요
**Self seating,
Please sit wherev-
er you'd like**

이터)가 영수증을 가져다준다. 손님이 직접 계산서를 들고 입구에 나가서 계산하는 음식점은 많지 않다.

Could we get our bill?

• 피자 집 외에는 배달해주는 음식점이 별로 없다.

## :•• 전화로 식당 예약하기

예약
**reservation**

예약하다
**make a reservation**

※ 시간을 말할 때, 오전과 오후를 분명히 하고 싶으면 am 또는 pm을 쓴다.

**high chair**
: 어린이용으로 만든 높은 식탁 의자.

**booster**
: 일반 의자 위에 얹어서 쓰는 보조 의자. high chair에 앉기는 좀 큰 어린아이가 이용한다.

| | |
|---|---|
| Restaurant | How can I help you?<br>어떻게 도와드릴까요? |
| Soojin | I'd like to make a reservation at 6 pm.<br>오후 6시에 예약을 하고 싶은데요 |
| Restaurant | How many are you?<br>(또는 How many in your party?)<br>몇 분이세요? |
| Soojin | There are five of us.<br>다섯 명입니다. |
| Restaurant | Smoking or nonsmoking?<br>흡연석으로 드릴까요, 금연석으로 드릴까요? |
| Soojin | Nonsmoking please.<br>금연석으로 주세요. |
| Restaurant | Do you have any kids? Will you need any high chairs or boosters?<br>아이들이 있나요? 하이 체어나 부스터 필요하세요? |
| Soojin | No, thank you.<br>아니요. |

| Restaurant | May I have your name, please? |
|---|---|
| | 성함을 말씀해주시겠습니까? |

| Soojin | My name is Soojin, and could we have a table by a window? |
|---|---|
| | 제 이름은 수진입니다. 창 옆자리로 할 수 있을까요? |

| Restaurant | Of course. We would like to ask you to please arrive on time, please. |
|---|---|
| | 물론입니다. 그럼, 늦지 마시기를 부탁드릴게요. |

(시간에) 어김없는
**on time**

| Soojin | Thank you. |
|---|---|
| | 감사합니다 |

227

레스토랑

## ·• 예약 없이 갈 때

예약을 안 하고 갈 경우(walk-In) 레스토랑 문 앞에 있는 안내인(recep-tionist)이 자리를 안내해줄 때까지 기다린다.

| Receptionist | Do you have a reservation? |
|---|---|
| | 예약하셨습니까? |

| Soojin | No, I don't. Could I have a table for three, please? |
|---|---|
| | 아니요, 안 했는데요. 세 명인데 자리가 없을까요? |

| Receptionist | I'm sorry, we don't have a table for you. Do you want to put your name on the waiting list? |
|---|---|
| | 죄송합니다. 자리가 없습니다. 웨이팅 리스트에 올려드릴까요? |

**receptionist**
: 식당 입구에서 자리를 안내하는 사람.

**server, waiter, waitress**
: 테이블에서 주문을 받고 음식을 가져다주는 사람.

**walk-in**
: 예약 없이 들어가는 것을 말하는데, 식당뿐 아니라 병원, 미장원 등에서도 사용한다.

| | |
|---|---|
| Soojin | Sure.<br>네, 그렇게 해주십시오. |
| Receptionist | Can I have your name, please?<br>이름을 알려주시겠습니까? |
| Soojin | It's Soojin. How long will it be?(How long is the wait?)<br>수진입니다. 얼마나 기다려야 하나요? |
| Receptionist | It's going to be about 15 minutes. The beeper will ring.<br>15분 정도 걸립니다. (비퍼를 주며) 비퍼가 울리면 들어오십시오. |
| Soojin | Thank you.<br>감사합니다. |

## ❖ 레스토랑에서 주문하기

**❶ 안내된 자리에 앉으면 웨이터가 와서 식사 메뉴를 나눠주며 먼저 음료수 주문을 받는다**

달리 음료수가 필요 없으면 물만 달라고 한다. 여러 명이 왔거나 같이 온 손님이 가족으로 보이지 않을 경우 웨이터는 영수증을 각기 따로 만들어주느냐고 묻기도 한다.

주문하다
**order,
place an order**

주문받다
**take an order**

| Waiter | Hello Ladies, I'll be your waiter today. My name is Andy. Here is a menu. Do you want separate checks? |
|---|---|

안녕하세요, 숙녀 여러분. 웨이터 앤디입니다. 여기 메뉴를 보시지요. 영수증은 각자 내실 수 있게 만들어드릴까요?

| Soojin | Yes please. |
|---|---|

네, 그렇게 해주세요.

| Waiter | Would you like to order a drink before you start? |
|---|---|

식사 전에 음료수를 먼저 주문하시겠습니까?

| Soojin | I'd like an apple juice(Water is fine). |
|---|---|

네, 전 사과 주스로 주세요(물이면 충분해요).

| Waiter | Okay, I'll be right back with your drinks. Please take your time to look at our menu. |
|---|---|

네, 음료를 가지고 금방 다시 오겠습니다.
그동안 천천히 메뉴를 보세요.

❷ 음료수를 가지고 온 웨이터가 식사 주문을 받는다

| Waiter | Here is your apple juice. Can I get your order? |
|---|---|

사과 주스 나왔습니다.
식사 주문을 하시겠습니까?

📓 Word

silverware,
utensils

: 숟가락, 포크, 나이프 등 식탁에서 음식을 먹는 도구를 말한다.
수저 한 벌이 더 필요하면 이렇게 말한다.
May I have another set of silverware, please?

### Word

| Soojin | I need some more time. |
| | 조금만 더 시간을 주시겠어요? |

| Waiter | No problem, I'll come back in a few minutes. |
| | 그럼요, 조금 있다가 다시 오겠습니다. |

웨이터가 다시 와서 주문을 받는다.

| Waiter | Are you ready to order? |
| | 주문을 받아도 될까요? |

| Soojin | Yes please. I'd like to have a rib eye steak. |
| | 네, 전 립아이 스테이크로 주세요. |

| Waiter | How would you like your steak done/cooked? |
| | 고기를 어느 정도로 익혀드릴까요? |

| Soojin | Medium-well please. |
| | 중간보다 약간 더 익히는 정도가 좋겠네요. |

| Waiter | Okay. We have mashed potatoes and fried rice. What would you like for your side? |
| | 스테이크에 곁들이는 음식으로 매시드 포테이토와 볶음밥이 있는데 어느 것으로 하시겠습니까? |

| Soojin | Fried rice please. |
| | 볶음밥으로 할게요. |

| Waiter | Do you want to order soup or salad? |
| | 수프나 샐러드를 주문하시겠습니까? |

| Soojin | Is that included? |
| | 스테이크에 포함돼서 나오는 건가요? |

※ 대표적인 미국식 아침 식사로는 팬케이크 토스트, 달걀, 베이컨, 소시지 등이 있는데, 달걀을 어떻게 해줄 것인지 묻는다.

뒤집지 않은 달걀프라이
**sunny side up**

앞뒤로 살짝 익힌 달걀프라이
**over easy**

스크램블드 에그
**scrambled egg**

수란
**poached egg**

삶은 달걀
**hard boiled egg**
: 삶은 달걀은 샐러드에 넣어 먹는것 말고 그냥 먹는 미국 사람은 흔치 않다.

Waiter    No, that's not included.

아닙니다.

Soojin    Then, no thank you. Just steak, please.

When our food is ready, please bring it out.

그럼 됐어요. 스테이크만 주세요. 나오는 순서대로 바로 가져다주세요.

※ 보통은 음식을 가져올 때 같은 테이블에 앉은 사람들이 주문한 모든 음식이 다 되기를 기다려 한꺼번에 가지고 온다. 여러 명이 함께 나누어 먹을 경우에는 기다리지 말고 나오는 대로 가져다달라고 말한다.

When our food is ready, please bring it out. / Please bring our food as soon as they're ready.

231

레스토랑

*Tip* **고기를 익히는 정도**

스테이크, 햄버거, 프라임립 등을 주문할 때 묻는다.

**rare** 덜 구워진 상태. 실제로는 겉만 살짝 익혔다고 보면 된다.

**medium** 반쯤만 익혀서 고기 속은 익지 않은 부분이 있는 정도.

**medium well** 속까지 거의 다 익혔으나 핏물이 살짝 고이는 정도.

**well done** 완전히 다 익힌 것.

**감자**

감자는 고기에 곁들이는 가장 대표적인 요리이다. 그래서 종류도 다양하다.

**mashed potato** 으깬 감자.

**baked potato** (통째로) 구운 감자. 위에 버터, 사워크림, 베이컨, 차이브 등을 얹을 것인지 묻기도 한다.

**french fries** 프렌치 프라이.

**baked fries** 튀기지 않고 약간의 기름을 둘러 오븐에 구운 프렌치 프라이.

◆

◆

| Waiter | Here's your order of apple juice. What can I get for you? |
|---|---|
| | 주문하신 사과 주스 나왔습니다. 음식은 무엇을 드릴까요? |

| Soojin | House salad please. |
|---|---|
| | 이 가게에서 만드는 샐러드로 주세요. |

| Waiter | Chicken or shrimp? |
|---|---|
| | (샐러드 위에 올리는 재료를) 닭고기로 하시겠습니까? 새우로 하시겠습니까? |

| Soojin | Chicken please. |
|---|---|
| | 닭고기로 할게요. |

| Waiter | What kind of dressing would you like? |
|---|---|
| | 드레싱은 어떤 종류로 하시겠습니까? |

| Soojin | I would like Italian dressing on the side. |
|---|---|
| | 이탤리언 드레싱으로 (버무리지 말고) 옆에 따로 주세요. |

*Tip*

**레스토랑에서 흔히 나오는 샐러드드레싱**

Ranch / Italian / French / Thousand Island / Oil and Vinegar 등이 있다.
Ranch는 미국에서 가장 많이 먹는 드레싱 중 하나이다. 마요네즈나 버터밀크에
파, 마늘 가루, 기타 다른 조미를 한 것으로 매우 creamy하다.

❸ 식사를 가져온 웨이터, 조금 후에 다시 와서 불편한 점은 없는지 묻는다

Waiter    Here is your rib eye steak.
          립아이 스테이크 나왔습니다.

Soojin    Thank you.
          감사합니다.

◆
◆

Waiter    How was your steak?
          스테이크는 마음에 드십니까?

Soojin    Good. Could you refill the coke please?
          네, 좋아요. 콜라 좀 더 가져다주실래요?

❹ 빈 접시를 치우며 디저트 메뉴를 원하느냐고 묻는다

Waiter    Do you have room for dessert?
          후식을 주문하시겠습니까?

Soojin    Could you show me the dessert tray?
          어떤 디저트가 있는지 보여주시겠어요?

❺ 계산서를 가져다달라고 말한다

Soojin    Can I have the bill please?
          계산서 가져다주세요.

**dessert tray**
: 큰 쟁반에 각종 디저트 샘플이 놓여 있어 어떻게 생겼는지도 보고, 어떤 맛이며 무슨 재료가 들어 있는지 물어볼 수 있다. 각종 케이크, 파이류가 많다.

## Word

계산서
**bill, check**

**one bill**
: 한꺼번에 같이 낼 때.

**separate bills**
: 각자 본인이 주문한 것
만 따로 낼 때(이른바 더
치 페이).

**split bill**
: 음식 값을 먹은 사람이
동일하게 나누어 낼 때.

※ 식당에서 먹고 남은
음식을 가져가는 것은 미
국에서는 매우 보편적인
일이다. 원하는 만큼 박
스를 달라고 해서 본인이
담거나, 웨이트리스가 접
시를 가져가 담아주기도
한다.

남은 음식
**leftover**

| | |
|---|---|
| Waiter | Here you are. |
| | 여기 있습니다. |
| Soojin | (카드 3개를 주면서) Can you split it? |
| | 세 카드에 똑같이 나눠서 계산해주시겠어요? |
| Waiter | Sure. I'll be back. |
| | 네, 곧 돌아오겠습니다. |

◆
◆

| | |
|---|---|
| Soojin | Could you bring a box for the leftover? |
| | 남은 음식을 담아갈 박스를 좀 주시겠어요? |
| Waiter | No problem, I'll bring a box. Do you need a dessert menu? |
| | 물론 드리지요. 금방 가져오겠습니다. 후식 메뉴가 필요하십니까? |
| Soojin | No, thank you. Can I have the check, too? |
| | 아니요. 괜찮습니다. 계산서도 함께 가져다주세요. |
| Waiter | I'll be right back. |
| | 네, 곧 가져오겠습니다. |
| Soojin | Thank you. |
| | 감사합니다. |

## ❻ 카드로 계산할 경우

가져온 계산서와 함께 카드를 주면 웨이터가 카드 번호가 찍힌 영수
증을 가져온다. 그 계산서에는 팁을 적는 난이 있고, 식대와 팁의 합
계를 써넣은 뒤 그 밑에 사인을 하면 된다. 이때 팁은 음식 값의
10~20%를 준다(❍ 자세한 내용은 241~242쪽 참조).

```
*****************************
DATE 5/5/09          TIME 12:46PM
MID 3280080619       3280080619


          Buca di Beppo

         3888 Six Mile Rd.
            Luomb, MI
              48152

VISA  xxxxxxxxxxxx1234
AUTH 11729C   TBL 2   CHECK 2080
PRE-AUTH     DINING ROOM  LAUREN


AMOUNT                    25.74
TAX                        154
  SUBTOTAL      $     27.28
     TIP        $      4.00
   TOTAL        $     31.28


CUSTOMER SIGNATURE
     Soojin Kin
..............................

    MERCHANT COPY
*****************************
```

**Word**

각자 지불합시다
**Let's go dutch!,
Going dutch!**
: dutch pay라는 말은
  쓰지 않는다.

오늘은 내가 살게!
**It's my treat
today,
I'll treat you,
It's on me**

팁
**tip, gratuity**

235

레스토랑

**현금으로 계산할 경우**

현금으로 계산할 때에는 현금과 계산서를 테이블 위에 올려놓는다.
그러면 웨이트리스(웨이터)가 그걸 가져가 계산하고 영수증을 가져
온다. 이때 팁은 테이블에 놓고 나간다.

## ꞏꞏ 패스트푸드점에서 주문하기

• 많은 패스트푸드점에서 청량음료(soda)를 계속 리필해주기 때문에
  주문할 때 그냥 빈 컵만 주는 곳도 많다. 매장에 있는 drink fountain
  에서 본인이 가져다 먹기도 한다. 그렇다고 여럿이 와서 음료 하나
  를 시키는 미국 사람들은 별로 많지 않다.

현지인이 직접 전하는 미국 생활 INFO

• Subway와 같은 샌드위치 가게에서는 샌드위치에 들어가는 재료나
  양념을 본인이 정하기도 하는데, 선택 사항이 너무 많고 잘 모르겠
  다면 추가로 지불하지 않는 범위 내에서 everything이라고 해보자.
  그다음부터는 원하는 것을 골라 주문할 수 있을 것이다.

(석쇠에) 구운
**grilled**

(오븐에) 구운
**baked**

찐
**steamed**

튀긴
**deep fried**

볶은
**stir fried,
pan fried**

| | |
|---|---|
| Cashier | What would you like to order?<br>무엇을 드릴까요? |
| Soojin | Combo #1 and the grilled chicken sandwich, please.<br>콤보 메뉴 1번과 구운 닭고기 샌드위치로 주세요. |
| Cashier | Do you want the grilled chicken meal or just the sandwich?<br>구운 닭고기 세트 메뉴로 드릴까요, 아니면 샌드위치만 드릴까요? |
| Soojin | Just the sandwich, please.<br>샌드위치만 주세요. |
| Cashier | What would you like to drink?<br>음료수는 무엇으로 하시겠습니까? |
| Soojin | Coke, please.<br>콜라로 주세요. |
| Cashier | For here or to go?<br>여기서 드실 건가요, 가져가실 건가요? |
| Soojin | For here.<br>여기서 먹을 겁니다. |
| Cashier | Your total is $11.31.<br>가격은 11달러 31센트입니다. |

- 패스트푸드점에서 주문할 때 꼭 묻는 말이 For here or to go? 이다. 여기서 드실 건가요, 가져가실 건가요? 이 간단한 질문에 대답 또한 For here 또는 To go라고 간단하게 하면 된다.
- 한국에서 말하는 세트 메뉴를 여기서는 meal이나 combo라고 한다.
- **drive through** : 차 안에서 주문하고 계산해서 가져간다.

*drive through*   ① 마이크에 대고 주문한다.

② pick-up window에서 지불하고 음식을 찾는다. 지불과 pick-up을 다른 window에서 하기도 한다.

*Tip*   청량음료를 시킬 때 '콜라' 라고 하기보다 상표명을 들어 Coke(코카콜라) 또는 Pepsi(펩시콜라)라고 주문하곤 한다. 미국에서 코카콜라와 펩시의 애호가는 현저하게 구분된다. 따라서 코크를 달라고 했을 때 식당에서 펩시만 취급한다면 펩시라도 괜찮겠냐고 묻곤 한다. 코크는 속어로 마약(코카인)을 뜻하기도 한다.

음료수를 주문할 때는 다음과 같이 상표명을 더 자주 쓴다.
**콜라 Coke, Pepsi**
**사이다 Sprite, Seven-up, Sierra Mist, Mountain Dew**
   ※ 미국과 캐나다 일부에서 사이다라는 말은 일종의 애플 주스.
**청량음료 Soda, Soft drinks, Fountain drink, Pop**

현지인이 직접 전하는 미국 생활 INFO

# ∷ 커피 전문점에서 주문하기

Cashier **May I take your order?**
주문을 받겠습니다.

Soojin **Yes, I would like one small decaf skim latte,
please. Could you make it with sugar-free
syrup?**
카페인 없는 무지방 라테 작은 것 하나 주세요. 시럽은 설탕이 들어 있지
않은 것으로 넣어주시고요.

Cashier **Sure, do you want whipped cream on it?**
네, 휘핑크림을 얹어드릴까요?

Soojin **No thank you.**
아니요, 필요 없습니다.

Cashier **For here or to go?**
여기서 드시겠습니까, 가져가시겠습니까?

Soojin **To go, please**
가져가겠습니다.

Cashier **Three Seventy Five, please.**
3달러 75센트입니다.

# ∷ 피자 배달 주문하기

• 쿠폰을 사용할 때에는 주문 시 쿠폰의 가격을 말한다.
• 흔히 들어본 피자헛, 도미노피자, 파파존스 등과 더불어 동네의 각
  종 피자 집은 쿠폰을 매우 많이 발행하고, 전단지에서 쉽게 찾아볼
  수 있다.

• delivery tip은 1~5달러 정도를 준다. 피자 가격에 포함되어 있는 경우도 있으니 가격표를 확인하도록 한다. 포함되어 있지 않은 경우는 delivery tip을 반드시 준다.

※ 같은 미디엄 피자라도 미국 피자 사이즈가 한국 것보다 크다. 크기를 9인치(지름 23센티), 12인치(지름 30센티)라고 말하기도 한다.

Bobae    I'd like to order a/some pizza.
제 피자를 주문하려고 하는데요.

Cashier    pick up or delivery?
가져가실 건가요, 아니면 배달해 드릴까요?

Bobae    Delivery, please.
배달해주세요.

Cashier    And what is your address and phone number?
집 주소와 전화번호를 주시겠습니까?

Bobae    1229 McIntyre drive. 734-123-4567.
1229 매킨타이어 드라이브. 전화번호는 734-123-4567 .

Cashier    Your name, please
이름을 말씀해주세요.

Bobae    I am Bobae. B as in Bob, o, b as in Bob again and a (as in apple, e, as in elephant).
제 이름은 보배고요, Bob이라고 말할 때의 b입니다.

Cashier    What do you want?
무엇으로 주문하시겠습니까?

Bobae    I'd like to have 2 medium pepperoni pizzas. I have a coupon for $12.99 for two medium two toppings.
페퍼로니 피자 중간 크기로 두 판 가져다주세요. 그리고 한 가지 토핑의 중간 크기 피자 두 판을 12달러 99센트에 살 수 있는 쿠폰이 있어요.

**two medium two toppings pizza**
: 각 피자마다 토핑을 한 가지씩 올린 중간 사이즈 피자 두 판을 의미한다.

Word

(시간이) 걸리다
**It takes ~**

Cashier    Okay. It will take 20 minutes. Your total is
$13.77.

네, 20분 후에 도착할 겁니다. 가격은 13달러 77센트입니다.

## ∶• Takeout/Carryout/To go

- 일반 음식점 또는 포장 음식 전문점에서 주문한 음식을 식당에서 먹
지 않고 가져가는 것을 말한다.
- 본인이 pick-up하는 것이므로 팁은 내지 않아도 된다.

Soojin    I'd like to place an order to go.

음식을 주문하려고 하는데요.

Cashier    What would you like to order?

무엇으로 하시겠습니까?

Soojin    I'd like to have two servings of California rolls
and one teriyaki chicken, please.

캘리포니아롤 2인분과 데리야키 치킨 하나 해주세요.

Cashier    What time would you like to come?

몇 시에 가지러 오시겠습니까?

Soojin    I'd like to pick them up at 6:00 pm.

오후 6시에 가지러 가겠습니다.

Cashier    Do you need anything else?

다른 것은 더 필요하지 않으신가요?

Soojin    No, that's all.

아니요, 그거면 됐습니다.

Cashier　　Your total is 25 dollars and 75 cents.
가격은 25달러 75센트입니다.


## ∙∙ 팁

• 팁을 주는 데 정해진 규칙은 없다. 다만 일반 의견을 참고하고 그날의 서비스 상태를 고려해 정한다. 다음은 일반 견해이다.

① lunch에는 10~15%, dinner에는 15~20%.

② 6인 이상이 함께 식사할 경우에는 20%.

③ 식당에 따라서 종업원이 팁을 포함한 가격으로 영수증을 만들어 오는 경우도 있으므로 영수증을 꼼꼼히 확인한다.

④ buffet 식당에서는 1인당 1달러 정도를 테이블에 놓고 나온다.

**팁**
**tip, gratuity**
: 최근의 뉴스에 따르면 런치는 반드시 15% 그리고 디너는 20% 이상이라고 한다.

노천 레스토랑

이탤리언 레스토랑

현지인이 직접 전하는 미국 생활 INFO

- 음식이 잘못되었다고 웨이트리스나 웨이터에게 주는 팁을 깎지는 말라고들 한다. 이들이 식당에서 받는 월급은 최저 임금 수준이어서 수입을 팁에 의존한다. 그리고 불쾌한 일이 발생했을 경우 매니저를 불러 이야기하는 게 낫다.
- 카드로 지불할 때는 계산서에 팁을 적는 난이 있으므로 액수를 적으면 된다(앞의 샘플 참조). 현금으로 줄 경우에는 테이블 위에 놓고 나간다 .

## ﹒﹒그 밖의 팁은 어떻게 할까

- 택시 : 요금의 15%.
- valet parking(대리 주차) : 차를 가져다준 운전자에게 1~2달러.
- 호텔 : 침대 하나당 1~2달러.

  짐을 옮겨준 도어맨에게는 짐 하나당 1~2달러.

  세탁물을 가져왔을 때 옷 하나당 1~2달러.
- 공항에서 포터에게 : 짐 하나당 1~2달러.
- beauty shop(미장원) : 전체 요금의 10~20%.

  샴푸해주는 사람 1~2달러.

  nail care의 팁은 전체 요금의 10~20%.

## 03
# 옷

●        미국은 한국과 옷이나 신발 사이즈 표기가 많이 다르고 매우 다양하다. 브랜드별로 차이는 있지만, 한국 옷의 medium size를 입는 사람은 미국의 small size를 사면 비슷하다. 브랜드마다 스타일에 따라 사이즈가 조금씩 다를 수 있다.

## ∵ 여성복

### ❶ 여성 캐주얼 사이즈

- 표기 : XS, S, M, L, XL, XXL….
- 미국의 XS(extra small)는 한국 사이즈로 small 정도 된다.

### ❷ 여성복 사이즈

- 표기 : 0, 2, 4, 6, 8 ….
- 적용 : 블라우스, 셔츠, 스웨터, 재킷, 바지, 원피스, 수영복 등 캐주얼 사이즈보다 더 세분화되어 있다.

---

**Word**

※ 특별히 한국과 미국에서 다르게 쓰는 용어를 중심으로 소개한다.

상의
**top**

하의
**bottom**

속옷
**intimate wear**
: underwear도 속옷 이지만, 특히 팬티를 지칭한다.

원피스
**dress**

재킷
**jacket**
: 앞이 모두 트인 상의를
말한다.

점퍼
**jacket**

바람막이 재킷
**windbreaker**

바바리코트
**trench coat**

정장용 재킷(상하 한 벌)
**suit coat**

콤비 재킷(따로 입는)
**blazer, sports
coat**

※ 바지는 항상 복수로
쓴다.

정장 바지
**trousers, dress
pants**

바지
**pants**(총칭)

반바지
**shorts**

청바지
**jeans**

• 사이즈 변환

| 미국 | 0 | 2 | 4 | 6 | 8 | 10 | 12 | 14 |
|---|---|---|---|---|---|---|---|---|
| | XS | | S | | M | | L | |
| 한국 | 44 | | 55 | | 66 | | 77 | |
| | 85 | | 90 | | 95 | | 100 | |

❸ **여성 Junior Size**

10~20대 타깃의 브랜드 중 홀수 번호로 표기하기도 한다.

- **표기** : 0, 1, 3, 5, 7, 9···.
- **적용** : 셔츠, 블라우스, 니트, 바지 등등.
- **사이즈 변환** : 1(XS), 3·5(S), 7·9(M)···(미국 사이즈 기준).

❹ **여성 신발 사이즈**

- **표기** : $5, 5\frac{1}{2}, 6, 6\frac{1}{2}, 7, 7\frac{1}{2}$···.
- **사이즈 변환**

| 미국 | $5\frac{1}{2}$ | 6 | $6\frac{1}{2}$ | 7 | $7\frac{1}{2}$ | 8 | $8\frac{1}{2}$ | 9 |
|---|---|---|---|---|---|---|---|---|
| 한국 | 225 | 230 | 235 | 240 | 245 | 250 | 255 | 260 |

- **읽기**

예) $7\frac{1}{2}$  ○  size seven and a half

❺ **여성 속옷, 양말**

- **브라** : 32A, 32B, 32C, 33A, 33B, 33C···.

| 미국 | 32AA | 32A | 32B | 32C | 32D | 34AA | 36AA | 38AA |
|---|---|---|---|---|---|---|---|---|
| 한국 | 70A | 70B | 70C | 70D | 70DD | 75A | 80A | 85A |

- 팬티 : 5, 6, 7, 8, 9, 10 ···.

| 미국 | 4 | 5 | 6 | 7 | 8 | 9 | 10 |
|---|---|---|---|---|---|---|---|
| 한국 | 85 | 90 | 95 | 100 | 105 | | |
| hip (인치) | 34~35 | 36~37 | 38~39 | 40~41 | 42~43 | 44~45 | 46~47 |

- 양말 : 별도의 양말 사이즈가 나와 있지만, 보통은 신발 사이즈를 기준으로 되어 있다. 브랜드별로 차이는 있지만, 일반 사이즈(신발 사이즈 4~10)와 큰 사이즈(신발 사이즈 9~11)가 있다.
- 스타킹 : S, M, L과 같이 나오기도 하고 신장과 체중에 따라 사이즈가 나오기도 한다.

## ∵ 남성복 사이즈

### ❶ 캐주얼 사이즈

- 표기 : S, M, L, XL, XXL ···.
- 미국의 small은 한국 사이즈로 medium 정도 된다.

### ❷ Jacket(양복저고리)

- 표기 : 38, 39, 40, 41, 42 ···(waist size).
- 사이즈 변환

| 미국 | 36R | 38R | 40R | 42R | 44R | 46R |
|---|---|---|---|---|---|---|
| waist (인치) | 30 | 32 | 34 | 36 | 38 | 40 |
| chest (인치) | 38 | 40 | 42 | 44 | 46 | 48 |

- R : regular height(170~180cm).
- L : 키가 크거나 상체가 긴 사람을 위한 사이즈 long / tall.

### ❸ Pants

• **표기** : 28/30, 30/32 ⋯ (허리waist/다리 안쪽 솔기 길이inseam).

• **사이즈 변환**

| 미국(waist, 인치) | 29 | 30 | 32 | 34 | 35 | 36 |
|---|---|---|---|---|---|---|
| 한국(waist, 센티) | 74 | 78 | 82 | 86 | 89 | 91 |

### ❹ 남성 신발 사이즈

• **표기** : $7, 7\frac{1}{2}, 8, 8\frac{1}{2}, 9, 9\frac{1}{2}, 10, 10\frac{1}{2}$ ⋯.

• **사이즈 변환**

| 미국 | 7 | $7\frac{1}{2}$ | 8 | $8\frac{1}{2}$ | 9 | $9\frac{1}{2}$ | 10 | $10\frac{1}{2}$ |
|---|---|---|---|---|---|---|---|---|
| 한국 | 250 | 255 | 260 | 265 | 270 | 275 | 280 | 285 |

Victoria Secret Pink 매장

쇼핑몰 내 Gap매장

⑤ **남성 속옷, 양말**

• 속옷 상의

| 미국 | XS | S | M | L | XL |
|---|---|---|---|---|---|
| 한국 | S | M | L | XL | XXL |
| | 90 | 95 | 100 | 105 | 110 |
| bust(인치) | 32~34 | 34~36 | 38~40 | 42~44 | 46~48 |

• 속옷 하의

| 미국 | XS | S | M | L | XL |
|---|---|---|---|---|---|
| 한국 | S | M | L | XL | XXL |
| | 90 | 95 | 100 | 105 | 110 |
| waist(인치) | 26~28 | 28~30 | 32~34 | 36~38 | 40~42 |

• **양말** : 별도의 양말 사이즈가 나와 있지만, 보통은 신발 사이즈를 기준으로 되어 있다. 브랜드별로 차이는 있지만, 일반 사이즈(신발 사이즈 6~12)와 큰 사이즈(신발 사이즈 10~13)가 있다.

## •• 특별한 사이즈

미국은 워낙 다양한 인종이 모여 사는 나라여서 신체 사이즈 또한 굉장히 다양하다.

위에서는 일반 사이즈(regular)를 나타낸 것이고, 특별히 키가 작거나 크거나 체격이 크거나 발이 크거나 넓거나 한 사람을 위한 제품을 만드는 메이커들이 있다.

---

247

옷

모자
**hat**
: cap도 모자이지만, cap은 '뚜껑'을 지칭하기도 한다.

목도리, 스카프
**scarf**

목욕 가운
**bath robe**

메리야스(편물)
**jersey**

직물
**woven**

코르덴
**corduroy**

청바지 천
**denim**

무늬 없는 단색
**solid**

무늬 있는 천
**patterned**

체크무늬
**plaid**

멜란지
**heather**

스웨이드
**suede**

수건 천
**terry**

자수
**embroidery**

진한 회색
**charcoal**

곤색
**navy**

자주색
**burgundy**

아이보리색
**cream**

카키색
**khaki**
: 국방색이 아니고, 모래
같은 갈색이다.

카키 바지, 면바지
**chino pants**

**① 여성복**

- **petite** : 키 5′3″(160cm) 이하의 여성을 위한 사이즈. 보통 사이즈
앞에 P를 붙여 표기한다.

  예)   PS  ◐  petite small

- **tall** : 키 5′8″(172cm) 이상의 여성을 위한 사이즈.
- **plus** : 특별히 큰 사이즈.

  예)   16W

- 브랜드에 따라서 tall size나 plus size는 가격이 조금 더 비싸기도
하다.

**② 남성복**

- **short** : 키가 5′7″(170cm) 이하인 보통 체격의 남성을 위한 사
이즈.
- **tall** : 키가 6′1″(185cm) 이상인 보통 체격의 남성을 위한 사이즈.
- **big** : 보통 키(5′8″~6′0″)에 품이 큰 남성을 위한 사이즈.
- **big & tall** : 브랜드에 따라서 tall size나 big size는 가격이 조금
더 비싸기도 하다.

**③ 신발**

같은 사이즈라도 품이 더 넓은(W), 혹은 좁은(N) 스타일을 만드는 브
랜드도 있다. 일반적으로 서양인은 한국 사람보다 발의 볼이 좁다.

  예)   7W  ◐  사이즈 7 wide,   8N  ◐  사이즈 8 narrow

## :• 아동복

영유아 및 어린이 옷은 보통 만 나이로 표시한다.

### ❶ Baby(아기)

개월별로 표시해서 보통은 24개월까지 나온다(M을 붙인다).

> 예) 0-3M, 3-6M, 6-9M, 12M, 18M, 24M

### ❷ Toddler(유아)

나이로 표시해서 보통 만 5세까지 나온다.

> 예) 2T, 3T, 4T, 5T

### ❸ Kids 또는 Children

나이로 표시하며 S, M, L, XL로도 표시한다.

> 예) 4, 5, 6, 7, 8, 9, 10, 11

slim이나 plus 사이즈가 나오는 브랜드도 있다.

멜빵바지
**overall**

우주복(아래위가 붙은 옷)
**playsuit, bodysuit**

턱받이
**bib**

배낭
**backpack**

쇼핑몰 내 Ralph Lauren kids 매장

백화점 내 아동복 매장

### ❹ 신발

0에서 13까지 있고, 다시 1부터 시작하므로 주의를 요한다.

- baby / toddler : 0, 1, 2, 3, 4, 5, 6, 7.
- little kids 사이즈 : 8, 9, 10, 11, 12, 13, 1, 2.
- big kids 사이즈 : 3, 4, 5, 6, 7….

※ $\frac{1}{2}$size들도 있다. $3\frac{1}{2}$, $7\frac{1}{2}$….
※ 신발은 처음에 반드시 신어보고 본인 사이즈를 확인한다.

• **사이즈 변환**

| 미국 | 3 | 4 | 5 | 6 | 7 | 8 | 9 |
|------|-----|-----|-----|-----|-----|-----|-----|
| 한국(mm) | 120 | 125 | 130 | 135 | 140 | 145 | 155 |

| 미국 | 10 | 11 | 12 | 13 | 1 | 2 | 3 |
|------|-----|-----|-----|-----|-----|-----|-----|
| 한국(mm) | 160 | 170 | 180 | 190 | 200 | 210 | 220 |

## ❖ 세일

당장 급하게 필요한 옷이 아니라면, 제 가격 다 주고 살 일은 별로 없다고 할 정도로 미국에서는 세일을 많이 한다. 신상품이 나와도 한두 달만 있으면 각종 이유를 붙여서 세일을 한다. 특히 시즌이 다 가기 전에 재고 정리 세일을 하는데 갈수록 세일 폭이 계속 커진다(20%에서 시작해 75%까지는 보통이다).

• 크고 작은 국경일(Memorial Day, Independent Day, Labor Day 등)에 기념 세일을 한다.

---

세일
**sale, mark down**

세일하다
**have a sale**

세일 가격으로 사다
**buy it at a sale price**

재고 정리 세일
**clearance sale**

- 옷은 특히 선물 시즌인 Thanksgiving이나 Christmas에 세일을 많이 한다.
- 여름 상품은 7월, 겨울 상품은 1월부터 세일에 들어간다. 8월, 2월에는 사이즈만 남아 있다면 clearance 가격으로 아주 싸게 살 수 있다.
- 미국 백화점은 바이어가 구매한 물건을 팔기 때문에 세일 폭을 계속 높여서라도 재고를 처리해야 하므로 세일하는 물건이 항상 있다.
- 세일 폭을 계속 늘려가면서 세일을 하다 보니, 가격표가 여러 개 계속 덧붙는다. 나중에는 눈에 잘 띄는 빨간색이나 주황색 가격표를 붙여 세일하기 때문에 clearance sale을 red tag sale 같은 이름으로 부르기도 한다.

## ∙∙ 반품, 교환, 환불

미국 소매점은 어디나 반품, 교환 및 환불에 관대하다. 한국의 인터넷 쇼핑몰처럼 '단순 변심은 환불 불가' 같은 규정은 찾아보기 힘들다. 영수증만 있으면 이유도 물어보지 않고 바꿔준다.
- 영수증 대신 선물 영수증을 가져가면 돈으로 환불은 안 되지만, 그 매장에서 다시 쓸 수 있는 store credit라는 교환권을 준다.
- 선물을 살 때 내 영수증 말고 gift receipt를 달라고 하면, 가격은 찍혀 나오지 않지만 바코드가 있는 영수증을 하나 더 프린트해준다. 이를 물건과 함께 선물하면 맞지 않거나 마음에 들지 않을 경우 반품이나 교환을 할 수 있다.
- 가끔 이유를 물어보기도 한다. 이는 혹시 물건에 하자가 있는지 체크하려는 것이니, 바꾸려는 이유를 자신 있게 얘기한다.
- 소매점마다 return policy가 약간씩 다른데, 보통은 영수증 뒤에 나와 있다.

점포 정리 세일
**closing down sale, liquidation sale**

반품
**return**

교환
**exchange**

환불
**refund**

선물 영수증
**gift receipt**

환불 규정
**return policy**

## 옷가게에서의 대화 ＊표시는 점원이 흔히 하는 말

### 쇼핑할 때

**May I help you? / How can I help you?***
무엇을 도와드릴까요?

**I'm browsing. / I'm just looking.**
그냥 둘러보는 거예요.

**If you need any help, please let me know.***
도움이 필요하면 말씀하세요.

**If you need to find any particular sizes or colors, please let me know.***
찾으시는 사이즈나 색상이 있으면 말씀하세요.

**I'll ask if I need your help.**
도움이 필요하면 청할게요.

**Can I try this on?**
입어봐도 되나요?

**Where's the fitting room?**
탈의실이 어디 있어요?

**How does it fit?***
잘 맞나요?

**It fits too tight.**
너무 꽉 끼는데요.

Do you have this in a bigger size?

좀 큰 사이즈 있나요?

Do you need anything? / How are you doing in there?*

필요한 거 없나요?

Do you have these in a size seven and a half brown?

이 신발 갈색으로 사이즈 7½ 있나요?

I don't have any of the size medium on the rack.*

진열되어 있는 미디엄 사이즈가 하나도 없어요.

I'll check in the back to see if we have any in stock.*

재고가 있는지 창고에 들어가서 확인해보겠습니다.

These are all we have now but if you want, I can call other stores around to find whether they carry your size or not.*

저희 매장에 있는 건 이것이 전부인데, 원하시면 근처 다른 매장에 전화해서 원하시는 사이즈가 있는지 알아봐 드릴게요.

It has been on sale since last month, these are all we have left.*

지난달부터 세일을 하고 있는 품목이어서 여기 있는 것이 전부입니다.

Was anyone helping you? / Have you been helped?*

어느 직원이 도와드렸나요?

This is a gift. May I have a gift receipt?

선물할 건데 선물 영수증을 주시겠습니까?

Can you wrap it up? Can I have a box for this sweater?

포장해주실래요? 이 스웨터 상자에 넣어주시겠어요?

## 반품 · 환불

**I'd like to return this. Here's my receipt.**

이것을 반품하고 싶어요. 여기 영수증이 있어요.

**Can I exchange it to a bigger size?**

이것을 더 큰 사이즈로 바꿀 수 있을까요?

**May I ask the reason?***

이유가 무엇인가요?

**I doesn't suit me. It doesn't match with my jacket.**

내게 어울리지 않아요. 내 재킷과 어울리지 않아요.

**It's too big for my son.**

아이에게 너무 커요.

**It's damaged.**

하자가 있어요.

**The zipper is not working smoothly.**

지퍼가 부드럽게 움직이지 않아요.

**I think I lost my receipt. Can I get store credit for it?**

영수증을 잃어버렸나 봐요. store credit로 받을 수 있을까요?

---

※ (책을) 띄엄띄엄 읽다, 뒤지다, (웹 정보를) 검색하다 **browse** 여기서는 둘러보다는 의미로 쓰임 / 특정한 **particular** / 탈의실 **fitting room** / 꽉 죄는 **tight** / 선반, 진열대 **rack** / 재고품이 있다 **That is in stock, I have it in stock** / 재고품이 하나도 없다 **That is out of stock** / 선물 영수증 **gift receipt** / 감싸다, 입다, 덮어씌우다 **wrap** / 포장지 **wrapping paper** / 음식용 랩 **plastic wrap** / 하자가 있는 **damaged**

## ∴ 세탁소

캐주얼이 보편화되어 별로 세탁소에 갈 일이 없는 사람이 많지만, 미국인 중에는 모든 빨래를 세탁소에 가져가는 사람이 의외로 많다.
미국의 세탁소는 한인이 꽉 잡고 있다. 웬만한 동네 세탁소는 한국인이 운영하는 곳이 많다.

- 한국보다 세탁 및 수선 요금이 비싼 편이다.
- 세탁소는 보통 월요일부터 토요일까지 영업한다.
- 대형 체인점 외에는 배달해주는 경우가 별로 없다.
- 인터넷을 통해 신청하면, 무료 픽업 및 배달을 해주는 세탁업소가 있다(뉴욕, 시카고 등 큰 도시에서는 이런 서비스를 하는 동네 세탁소도 있다).
  - ★ www.1-800-dryclean.com
    www.pressed4time.com
- 세탁소까지 가져가긴 아깝고 물빨래를 할 수 없는 스웨터 같은 옷은 슈퍼에서 파는 home dry cleaning kit(Dryel®)를 사서 집의 건조기를 이용해 간이로 드라이클리닝을 할 수 있다.

## ∴ Coin Laundry

아파트 안에 세탁기와 건조기가 없는 경우 따로 마련된 빨래방(laundry room)에 가서 빨래를 한다. 아파트에 laundry room이 없을 경우 외부에 있는 coin laundry에 가져가야 한다.

- 양쪽 모두 동전을 넣고 세탁기와 건조기를 쓰는데 기계마다 동

**Word**

수선
**alteration**

얼룩
**stain**

(길이를) 줄이다
**shorten**

(길이를) 늘리다
**lengthen**

(품을) 늘리다
**take out**

(품을) 줄이다
**take in**

255

옷

coin laundry

세탁장, 세탁물
**laundry**
: 동전을 넣는 빨래방은
laundromat라고 한다.

세탁기
**washer**

빨래 건조기
**dryer**

세제
**(laundry) detergent**

섬유 유연제
**fabric softener**

전 투입구가 있고 동전 몇 개를 넣어야 작동이 되는지 알려준다.

• 세탁기는 세탁에서 탈수까지 한 사이클 단위로, 건조기는 시간으로 계산된다.

• 보통 25센트짜리 동전(quarter)만 받는다.

• 세제나 섬유 유연제를 팔기도 하지만, 비싸게 받기 때문에 준비해 가는 것이 좋다.

• 빨랫감을 들고 왔다 갔다 해야 하고 빨래가 다 될 때까지 기다려야 하기 때문에 불편하지만, 자주 빨래하기 싫은 사람은 한꺼번에 여러 대의 세탁기를 동시에 돌릴 수 있어서 편리하기도 하다.

• coin laundry에 가면 대용량의 세탁기와 건조기가 있어서 이불 같은 부피가 큰 빨래를 하기 좋다.

• 세탁기가 돌아가는 동안 자리를 뜰 경우, 빨래가 다 되어 세탁기 안에 있으면 다른 사람이 세탁기를 쓰기 위해 내 빨래를 아무 곳에나 꺼내놓고 자기 빨래를 돌릴 수 있으니 빈 바구니를 놔두도록 한다.

• 아파트 laundry room이 건물의 외진 곳에 있으면 안전을 생각해 너무 늦은 밤에는 이용하지 않는다. 이용 시간이 명시되어 있기도 하다.

## 세탁소에서의 대화 ＊ 표시는 점원이 흔히 하는 말

I need to get this suit dry-cleaned.

이 슈트를 드라이클리닝해주세요.

Can you remove some stains on this dress?

이 드레스의 얼룩을 없애주시겠어요?

What kind of stain is it?＊ It is wine.

무슨 종류의 얼룩인가요? 와인이에요.

Can you shorten these pants by the marked point?

이 바지를 여기 표시한 부분까지 줄여주시겠어요?

I'd like to get these pants lengthened an inch.

이 바지 기장을 1인치 늘려주시겠어요?

Can I have the waist taken out a little? It's too tight.

허리를 좀 늘려주시겠어요. 너무 꽉 끼어서요.

When will it be done? / When will it be ready?

Can it be done by tonight?

언제까지 되나요? 오늘 저녁까지 될까요?

I'm sorry but it will be done by tomorrow morning.＊

You can pick them up anytime tomorrow.

그건 안 되고요, 내일 아침까지는 되겠는데요. 내일 아무 때나 가지러 오세요.

---

※ 얼룩 **stain** / 바짓단, 치맛단 **hem** / 단의 감침질 **hemming** 일반적으로 꿰매는 것은 stitch라 하고 명사로
'한 땀' 의 의미로도 쓰인다 / 수선하다, 깁다 **mend** / 줄이다 **shorten** / 늘리다 **lengthen** / 다리미 **iron** /
다림질하다 **press, do the ironing**

● 　　　　새로운 곳에 대한 스트레스가 아이라고 없을까. 새 학교, 새 친구, 새 환경 속에서 새 언어까지 익히며 적응해야 하는 내 아이! 어떻게 하면 좀 더 편안하고 즐겁게 학교생활을 해나가게 도와줄 수 있을까. 준비된 부모만이 아이의 고충을 헤아릴 수 있다. 학교생활의 면면을 살펴보고 아이가 쉽게 적응할 수 있도록 유연하게 대처하는 부모가 되자.

방과 후 프로그램으로 축구를 하고 있는 아이들

# 교육

초등학교 수업시간

학교생활의 면면을 살펴보고 아이가 쉽게 적응
할 수 있도록 유연하게 대처하는 부모가 되자.

# 아이 학교 보내기

## 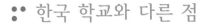 한국 학교와 다른 점

 Word

- 새 학년은 여름 방학이 끝나는 8월 말이나 9월에 시작한다.
- 만 5세에 입학하는 유치원 과정부터 정규 의무 교육으로 분류된다.
- 여름 방학은 3개월가량으로 긴 반면, 겨울 방학은 2주 정도의 짧은 크리스마스 휴가만 있다.
- 성적표가 학기별로 나오긴 하지만 자세한 점수나 반 등수 등은 표기되지 않는다. A, B, C, D, F 정도로 분류하거나 평균, 평균보다 위,평균보다 아래 정도로만 표기하는 학교가 많다.
- 초등학교는 담임제로 운영되고 중학교부터는 아이들이 교실을 옮겨다니는 형태로 수업이 진행된다.
- 땅콩, 견과류 등의 앨러지가 있는 아이를 위해 견과류 제한 교실(nut-free)을 따로 둔다. 만약 내 아이가 이 반으로 배정받으면 내 아이에게 앨러지가 없는 경우라도 견과류가 든 음식을 점심 또는 스낵으로

유치원
**kindergarten(K)**

초등학교(Grades 1~5 혹은 1~6)
**elementary school**

중학교(Grades 6~8 혹은 7~8)
**middle school, junior high school**

고등학교(Grades 9~12)
**high school**

앨러지
**allergy**
: 알레르기라고 하면 못 알아듣는다.

나는 땅콩 앨러지가 있다
**I'm allergic to peanut**

지각
**tardy**

조퇴하다
**leave earlier**

결석
**absence**

학교 서무실
**school office**

통행증
**hall pass**

마중 나가다, 데려오다,
(물건을) 손에 넣다
**pick up**

보내서는 절대 안 된다. 학교에 따라서는 학교 전체 건물 안에 땅콩과 견과류의 반입이 금지되는 경우도 있다.

• 지각, 조퇴, 결석을 할 경우에는 사전에 학교로 전화를 걸거나 친구를 통해 보호자가 서명한 사유서를 학교 서무실로 보내야 한다.

① 지각, 조퇴, 결석 사유서

Dear Mrs. Smith

My son, Kitae Jung will be absent today.
He is very ill.
Thank you.
Sincerely,
Soojin

② 결석 사유를 학교 서무실에 전화로 알릴 때

hi Mr. Anderson
My son, Kitae Jung, grade 5, Mrs.
Smith's class will be absent today.
He is running a temperature of 102 and
has a sore throat.
Please notify his absence to Mrs. Smith.
Thank you.

③ 하교 시 친구 집으로 갈 경우

Dear Mrs. Smith

Today(April 3, 2009), my son, Kitae Jung has a playdate with his friend, Duncan.

Please allow Kitae to ride on Duncan's bus this afternoon.

Thank you.


Sincerely,

Soojin


④ 다른 사람이 pick-up할 경우

Dear Mrs Smith

I am Kitae Jung's mother. I was supposed pick my son up after school but have a schedule conflict. So, my friend, Erin Gill, will pick him up in place of me. Please notify my son.

Thank you.


Sincerely,

Soojin

~하기로 되어 있다
**be supposed to**

**conflict**
: 충돌, 투쟁 등의 의미
도 있지만, 이 경우는
약간의 착오 등 가벼운
의미로 쓰인다.

~를 대신해서
**in place of**

통보하다
**notify**

Word

틴에이저
**teenager**
: 13~19세.

베이비시터
**baby sitter**

• 지각을 했을 때는 교실로 바로 들어갈 수 없고 학교 서무실에서 통행증(또는 지각 인정서)을 받아 교실로 가야 한다.

• 학년과 반을 말할 때, 2학년 3반과 같은 식으로 표현하지 않고, 담임 선생님의 이름을 넣어서 말하거나 교실 번호를 댄다.

예)    second grade, Mrs. Smith's class, room 10

• 조퇴를 할 때에도 서무실에서 출입 서명을 하고 건물 밖으로 나가야 한다.

• 보호자가 학교 건물로 들어갈 때에도 반드시 서무실에 들러 출입 서명을 해야 한다. 학교에 따라서는 서무실에 마련된 출입 스티커를 붙여야 하는 경우도 있으니 미리 알아보고 움직이는 게 좋다.

• 공립학교에 다니는 아이들은 시에서 운영하는 스쿨버스(일명 옐로버스)를 무료로 이용할 수 있다.

• 아이가 집에 혼자 있을 수 있는 나이는 만 13세이다. 12세 이전의 아이가 집에 혼자 있다가 신고를 받고 출동한 경찰에 의해 보호 시설로 옮겨지는 경우도 종종 있으니 주의해야 한다.

## 학교 찾기

### ❶ 미국 교육부 웹사이트

**www.ed.gov**

원하는 주를 선택한 후 각 주의 State Education Agency(State Department of Education)의 웹사이트로 들어가서 지도나 도시명으로 해당 지역의 학군(school district)을 찾을 수 있다.

❷ **학교에 관한 모든 정보**

해당 학교에 관한 전반적인 사항과 타 학교와 비교할 수 있는 사이트.

**www.schoolmatters.com**

검색창에 학교 이름과 주를 입력하면 해당 학교의 등록 학생 현황과 주에서 실시하는 시험의 학교별 성적뿐 아니라 학부모들의 학교 평가도 알 수 있다.

❸ **사립학교를 포함한 모든 학교의 정보 찾기**

미국 내 모든 학교의 정보를 찾아볼 수 있는 사이트.

**www.greatschools.net**

검색창에 원하는 지역의 도시명을 입력해서 궁금한 학교 이름을 클릭하면 그 학교의 상세 정보를 볼 수 있다. 학교 성적이나 커리큘럼 또는 공립학교나 사립학교의 정보를 얻고자 할 경우 유용하게 이용할 수 있다.

## ∵ 입학 준비 서류

입학 절차
**school enrollment processing**

예방 접종 기록
**immunization record**

재학증명서
**certificate of studentship, proof of enrollment**

거주지 증명 서류
**proof of residence**

모기지 청구서
**monthly mortgage bill**

수도 요금
**water and sewer bill**

세금 보고서
**tax bill**

사립학교
**private school**

공립학교
**public school**

**❶ Current Immunization(최신 예방 접종 기록표)**

예방 접종 기록 영문 번역본(병원에서 영문 기록으로 받아온다) : 미국과 한국은 예방 접종 의무 항목이 다르니, 미리 가고자 하는 주(state)의 의무 예방 접종을 알아보고 맞지 않은 예방주사가 있으면 한국에서 접종하도록 한다.

★ www.immunize.org/states

**❷ Recent Repord Card(최신 성적증명서)**

성적증명서 또는 재학증명서 영문 번역본(학교에 따라 요구하는 경우도 있으니 미리 준비해 오는 게 좋다).

**❸ Proofs of Residency(미국 거주지 증명 서류)**

공립학교에 보낼 경우 미국 해당 지역에 살고 있음을 증명하는 서류. 아파트 렌트 계약서, 집 모기지 서류, 집에 대한 세금 보고서, 공과금 청구서, 자동차 보험 증서 등 보통 두세 가지 이상의 첨부 자료를 요구한다.

**❹ Birth Certificate 또는 Passport(출생증명서 또는 여권)**

보여달라고 할 수도 있으므로 지참한다.

**❺ Enrollment Form(입학 신청서)**

위의 서류들과 함께 학교에서 주는 입학 신청서를 작성해 제출하고, 입학 면담을 거친 후 입학 허가를 기다리면 된다.

이야기가 있는 생활가이드

사립학교의 경우 특별히 요구하는 게 있을 수 있으니 미리 알아보고 준비해야 한다. 예를 들면 가톨릭 사립학교에서는 성당에 다니고 있다는 증명 서류를 요구한다. 이와 같이 해당 학교의 특별 요구 사항은 전화 또는 e-mail을 통해 미리 상담한다. 대부분 학군(school district)에서 운영하는 웹사이트에 신입생 등록(new student enrollment) 절차에 관한 설명이 자세하게 나와 있다.

## ∷ 미국의 학교 제도

### ① 데이 케어(Day Care)

- '스스로를 돌볼 힘이 없는 사람을 돌보다' 라는 뜻으로, 환자나 노약자 또는 어린아이를 돌보는 것을 말한다.
- 태어나면서부터 두 살까지 맡길 수 있다.
- 대부분 유료 시설이다.
- 아기를 돌보는 것과는 또 다른 의미로, 방과 후에 아이들을 맡기는 탁아 시설을 데이 케어라고 부르기도 한다.
- 13세(틴에이저)부터 집에 혼자 있어도 되므로 12세 이전의 아이는 베이비시터와 함께 있거나 시설에 맡기거나 반드시 보호자와 함께 있어야 한다.

### ② 프리스쿨(Pre-School)

- 만 2~4세의 어린아이들이 다니는 학교.
- 대부분 사립학교이며 학비는 학교마다 차이가 매우 크다.
- 교회에서 운영하는 학교는 비교적 저렴한 편이다.

※ 연령의 구분이 명확한 것은 아니지만, 대략 다음과 같이 분류한다.

**newborn**
: 출생~1개월.

**infant**
: 1개월~돌.

**toddler**
: 1~2세(3세까지 보기도 한다).

**preschooler**
: 2~4세.

**kindergartener**
: 5세.

❸ **프리킨더가튼(Pre-Kindergarten)**

- 킨더가튼에 가기 전인 만 4세의 어린아이를 따로 받아서 가르치는 공립학교도 있다.
- 의무 교육에 포함되는 과정이 아니므로 대부분 사립학교이다.

❹ **유치원(Kindergarten)**

- 유치원 과정으로 정규 교육이 시작되는 학년.
- 오전반, 오후반 또는 종일반으로 나누어 하루 세 시간에서 여섯 시간 정도의 수업을 한다. 지역에 따라 매일(주 5일)이 아닌 주 2~3일 과정도 있다.
- 미국 공립학교 학제는 보통 유치원부터 5학년까지 초등학교에서 가르치는 것으로 되어 있다.
- 만 5세부터 입학하는데, 주마다 입학 가능 월령이 다르다. 즉, 주에 따라서 11월 1일 이후 출생으로 제한하기도 하고 12월 1일 출생 이후로 제한하기도 한다.

❺ **초등학교(Elementary School)**

- 1~5학년(주에 따라서 킨더가튼부터 4학년까지를 초등학교로 분류하기도 한다).
- **수업 시간** : 8:30 am~3:30 pm(공립학교 기준이며 주마다 약간의 차이가 있다).
- **수업 시간과 쉬는 시간** : 한국에서는 전 학년을 상대로 정해진 시간에 따라 종이 울리고, 아이들은 그 종소리에 맞춰 움직인다. 하지만 미국의 초등학교는 전체적인 종소리 없이 담임 교사의 재량으로 수업 시간과 쉬는 시간이 이루어진다. 화장실에 가고 싶은 아이는 언제든지 손을 들어 교사의 허락을 받은 후에 가면 된다.

현지민이 직접 전하는 미국 생활 INFO

※ 유치원부터 의무 교육에 포함되기 때문에 미국의 의무 교육 기간은 유치원에서 12학년까지 13년이다. K-12는 바로 이 13년간의 의무 교육을 의미한다.

유치원 오전반
**Half Day Kindergarten Morning Class**

유치원 오후반
**Half Day Kindergarten Afternoon Class**

유치원 종일반
**Full Day Kindergarten**

- 점심 식사 시간에 이어 놀이 시간(recess time)이 허용되며 이 시간에는 자유롭게 놀 수 있다.
- 담임 교사 한 명에 한 반의 학생 수는 대략 25명 선이다.
- 한국 초등학교와 같이 한 교실에 앉아 담임 선생님으로부터 수업을 받는다. 단, 예체능 과목은 교실이 따로 있어서 한 반 아이들이 교사의 지도 아래 모두 함께 이동한다.
- 학교에 따라 영어나 수학 과목 등에서 우열반을 나누거나 상급 학년 교실에 가서 수업을 듣는 등 개인의 진도에 맞춰주기도 한다. 고학년의 수학이나 과학 과목 등에서는 한 교사가 한 과목을 전담해 수업하는 경우도 있다.
- 영어가 서툰 이민자의 자녀들을 위한 ESL(English as a Second Language) 또는 ELL(English Language Learner) 과목이 배정되어 있는 학교도 있다.

놀이 시간
**recess time**

학군
**school district**

학교 컴퓨터실

하굣길에 아이들이 스쿨버스에 오르고 있다.

• 공립학교의 경우, 방과 후에는 특별한 이유 없이 학교에 남아 있 지 못한다. 그러므로 부모 모두 직업을 가진 경우, 아이가 13세가 되기 전까지는 데이 케어 센터를 이용해야 한다. 사립학교에서는 Early Bird(아침에 일찍 등교하는 학생들을 돌보는 프로그램)와 ESP(Extended School Program : 방과 후 늦게까지 학교에 머물 수 있는 프로그램)를 운영하는 학교도 많다.

*Tip*

점심 식사는 도시락을 싸가거나 학교에서 판매하는 메뉴를 이용할 수 있다. 먹을 때마다 돈을 내는 방법도 있지만 대개는 아이들 각자에게 lunch account를 만들어주고 돈을 적립한 뒤 식사 때마다 돈을 제하는 방식을 쓴 다. 식사는 교실이 아닌 학교 식당(카페테리아)에서 한다.

카페테리아
**cafeteria**

### ⑥ 중학교(Middle School 또는 Junior-High School)

• 6~8학년(주에 따라서 5~6학년을 미들스쿨로, 7~8학년을 주니어 하이스쿨로 구분하기도 한다).

• **수업 시간** : 8:00 am~3:00 pm(학군에 따라 약간씩 다르다).

1교시
**1st hour,
1st period**

• **수업 시간과 쉬는 시간** : 하루에 6~8교시의 수업이 약 40~50분간 진행되며, 각 수업이 끝난 후 10분 내외의 쉬는 시간이 있다.

• **수업 방식**

쉬는 시간
**passing time**

① home room : 25명가량의 학생들이 모이는 교실.

담임 교사
**home room
teacher**

② home room teacher : 각 반에는 담임 교사가 있어서 하루에 한 번 home room에 모여 담임과 같은 반 학생들이 조회 시간을 갖는다.

③ 학과 수업 : home room 이외의 수업 시간에는 각 과목 교사의 교실 을 찾아 학생들이 이동한다.

• 과목에 따라 학생이 이동하는 방식이므로 소지품은 각 학생에게

주어지는 locker를 이용한다.
- 학교 행사로 댄스 파티가 열리기 시작한다.

**⑦ 고등학교(High School)**
- 9~12학년.
- **수업 시간** : 7:30 am~2:30 pm or 3:30 pm(수강 신청 시 학생이 원하는 대로 6시간 또는 7시간으로 수강 신청을 할 수 있다).
- **수업 방식**
  ① home room은 따로 없다. 한국의 대학교와 같은 시스템이다.
  ② 담임 선생님은 따로 없으나 counselor가 있어서 전반적인 정보와 도움을 준다.
  ③ 학과 수업 : 학생이 선생님을 찾아 이동하는 방식.
- 오케스트라와 밴드, 합창부, 연극은 수업 과목에 포함되고 각종 스포츠는 방과 후 프로그램으로 운영된다.
- 방과 후에도 학교 도서관에 남아 있을 수 있다.
- 학생들은 시에서 운영하는 버스를 무료로 이용할 수 있는데, 대개 학생들이 이용할 수 있도록 공립 고등학교 앞에서도 정차한다.

**:• 각종 학교 행사**

**① 현장 학습(Field Trip)**
박물관, 극장, 사과 농장(apple picking), 호박 농장(pumpkin picking), 동물 농장(petting farm) 등 1년에 두세 차례의 현장 학습을 나간다.

Word

상담 선생님
**counselor**

9학년(고등학교 1학년)
**freshman**

10학년(고등학교 2학년)
**sophomore**

11학년(고등학교 3학년)
**junior**

12학년(고등학교 4학년)
**senior**

악기
**instrument**

목관악기
**woodwind**

금관악기
**brass**

현악기
**string instrument**

건반악기
**keyboard**

타악기
**percussion**

합창단
**choir**

사과 농장
**apple orchard**

호박밭
**pumpkin patch**

쓰다듬다
**to pet**

현지인이 직접 전하는 미국 생활 INFO

**petting farm, petting zoo**
: 관람객이 직접 동물들을 만지거나 지정된 먹이를 줄 수 있도록 해놓은 농장이나 동물원.

❷ **특별한 날의 파티**

파티가 빈번한 미국에서 초등학교라고 예외일 수는 없다. 이름 붙은 날이면 어김없이 파티가 열리는데, 학교 전체 행사로서의 파티도 있으나 대개는 교실 단위로 이루어진다. 학부모의 자원 봉사로 음식과 게임, 선물 등이 제공된다.

- 할러윈 파티(Halloween party) : 10월 31일.
- 연말 파티(Winter party) : 겨울 방학 하는 날.
- 밸런타인 파티(Valentine's day party) : 2월 14일.
- 종업식 파티(end of the school year party)
- 이별 파티(farewell party) : 전학, 병가 등의 이유로 떠나는 친구를 위해 열어주는 파티.

❸ **International Day / International Night**

다민족이 모여 사는 미국 사회에서 흔히 열리는 행사이다. 각 민족의 아이들과 학부모들이 모여서 자기 민족만의 특별한 문화와 역사를 전시하고 알린다. 민족 의상, 민속 춤, 민속 노래 등의 공연도 함께 한다.

*Tip*

다양한 문화, 종교, 민족이 어우러져 사는 곳인 만큼 연말 파티를 Christmas party로 혼동해서는 안 된다. Christmas party는 매우 기독교 중심적인 용어라 타 종교를 소외시킬 수도 있으므로 특히 공립학교에서는 Holiday party 또는 Winter recess party라고 한다.

학교 할러윈 파티

❹ **Book Fair(책 박람회)**

PTA(부모와 교사 연합)의 주관 아래 scholastics의 책을 학교에서 판다. 수익금의 일부를 학교에 돌리는 식이다. 그 밖에 부모들이 기부한 헌책을 파는 행사도 함께 한다.

❺ **Science Fair(과학 박람회)**

학생들이 과학과 관련한 주제를 정해서 직접 연구하고 발표하는 행사.

❻ **Ice Cream Social(아이스크림 축제, 사교 파티)**

직역하면 '아이스크림과 함께하는 사교의 날'쯤 되는 이 행사는 학년 초 또는 학년 말에 아이들과 친지, 주변의 이웃 모두가 학교 운동장에 모여 아이스크림을 나눠 먹고 여러 가지 게임과 놀이를 즐기며

**scholastics**

: 학교, 교사, 학부모들에게 메일 오더, 북클럽, 북페어를 통해 책과 교육용 교재를 파는 출판사.

**Word**

경품 추첨
**raffle**

친분을 쌓는 날이라고 보면 된다. 기부를 겸한 래플 티켓을 미리 파는데, 아이들은 이 티켓을 가지고 돈 대신 쓰면서 게임이나 놀이 시설 등을 이용한다. 초등학교에만 있으며 보통 여름 방학 직전에 열리므로 졸업 파티를 겸하기도 한다.

이 밖에 지역별로 조금씩 차이가 있으나, 카니발 형식을 빌려서 아이들이 즐겁게 놀도록 해주는 행사가 다양하게 열린다.

## ∵ 미국의 사교육 제도

미국의 방과 후 활동 프로그램은 매우 다양할 뿐만 아니라 체계적으로 운영되고 있어서 학교생활 못지않게 중요한 역할을 담당한다. 동네 수영 클럽에서 물장구를 치며 놀다 보면 몇 년 후 주 대항 수영 대회를 거쳐 지역 본선, 전국 아마추어 수영 대회에 출전하는 경우도 있다.

악기 역시 마찬가지다. 리사이틀, 지역 페스티벌, 주(state) 대회, 지역 대회, 전국 대회 등등 점점 더 범위를 넓혀가며 세상 밖으로 나가는 계기가 되곤 한다. 대부분의 사교육 프로그램이 단편적인 기능 위주가 아닌 더 큰 세상과 연결 고리가 되는 이 시스템은 이민자로서 느끼는 큰 부러움 중 하나이다.

### ❶ 시에서 운영하는 방과 후 프로그램

- Parks and Recreation
- YMCA
- Rec & Ed Community program
- Community Education
- Performing Arts, Fine Arts

❷ **여름 캠프 프로그램**

시에서 운영하는 프로그램, 사교육 센터 프로그램, 대학교에서 여는 캠프 등등 수많은 여름 캠프가 있으므로 지역 정보지나 웹사이트를 통해 알아보고 미리 신청해두어야 한다. 인기 있는 여름 캠프는 신청 첫날인 3월 마지막 주 월요일(주마다 다를 수 있다)에 모두 마감되기도 하므로 발 빠른 정보와 신중한 결정이 중요하다.

★ 여름 캠프를 정리해놓은 웹사이트 http://www.summercamps.com/

❸ **강사의 개인 지도**

정보를 주고받을 사람 하나 없는 낯선 곳에서 개인 강사를 찾아야 할 경우, 대부분은 학교의 담임 교사나 오케스트라, 밴드 담당 교사에게 문의해 추천을 받는다. 악기점에서 보유한 강사 목록을 이용하는 것도 한 방법이다.

스포츠의 경우에는 그 종목의 클럽이 있는 센터에 가서 문의하면 추천받을 수 있다.

❹ **각 나라별 언어 문화 학교**

다양한 민족, 다양한 문화가 공동체를 이루며 살고 있는 이곳에서 각 나라의 언어 문화 학교는 어찌 보면 필수적인 것이라고 할 수 있다. 미국이라는 하나의 공동체 안에서 각 문화의 다양함을 지키고 키워가는 것이 양쪽 모두가 이기는 윈윈(win-win) 방법이 되기 때문이다. 이런 측면에서 각 지역마다 있는 한국 학교는 사교육의 중요한 축을 이루고 있다. 한국 학교에 대한 상세한 정보는 지역 한인 단체나 교회 등을 통해 알아보면 된다.

★ 재미한국학교협의회 http://www.naks.org/

**Word**

여름 캠프
: 물론 방학 시작할 때 신청해도 가능한 캠프도 많다. 1주일 단위로 신청을 받는 캠프가 일반적이나, 캠프에 따라 매우 다양하다.

개인 교사
**tutor**

:• 학교 관련 서류

❶ **비상 연락 카드(Emergency Card)**

일명 그린 카드(green card)라고 불리며, 비상시에 필요한 것들을 기록해놓은 카드를 말한다. 이 카드에는 주치의가 있는 병원 전화번호, 보험 번호, 부모의 연락처, 부모 부재 시 연락을 취할 수 있는 사람의 주소나 전화번호 등을 기입한다.

❷ **허가 또는 동의서(Permission Slip)**

학교에서 외부로 행사를 나갈 때에는 반드시 학부모나 보호자의 허가를 받아야 한다. 따라서 현장 학습(field trip)을 위한 피크닉이나 공연 관람 등 교외 수업 전에는 학교에서 부모의 동의를 구하는 편지가 온다. 이 편지의 하단 부분에 있는 학부모 사인난에 사인을 하고, 사인한 부분을 잘라서 학교로 다시 보내면 된다.

❸ **점심 식사 카드(Lunch Card)**

점심 식사 시간에 카페테리아의 런치 메뉴를 이용할 경우 아이들이 매번 돈을 내지 않고 점심을 사 먹을 수 있도록 만든 입금 카드를 말한다.

이 lunch card는 부모가 돈을 충전해줘야 한다. 학교 서무실에 account number를 적어 현금을 넣어 보내거나 학군에서 지정한 웹사이트에 들어가 credit card나 은행 이체 등으로 돈을 충전한다.

허가
**permission**

**slip**
: piece of paper라는 뜻. 편지의 일부를 잘라서 다시 보낸다는 의미로 사용된다.

보호자
**guardian**

## ⁚• 샘플 학사 일정표

학년 초에 이렇게 학교의 1년 스케줄 표가 나온다.

미시간 주 앤어버 St. Francis Elementary & Middle School

### SCHOOL CALENDAR FOR 2008~2009

First Bell at 7:45 a.m.; Tardy Bell at 7:55 a.m.; Dismissal Bell 2:35 p.m.

| | |
|---|---|
| SEPTEMBER | Tuesday, 2 1st Full Day of School Orientation 7:55 a.m.- Noon |
| | Thursday, 11 Curriculum Night 6:30 p.m. |
| OCTOBER | Thursday, 2 LifeTouch: Students' school pictures |
| | 14:30 MEAP Testing (3rd, 5th and 7th grade ONLY) |
| | Friday, 31 Halloween Carnival |
| NOVEMBER | Friday, 7 End of 1st quarter (Full day) |
| | Wednesday, 12 Report cards go home today |
| | Thursday, 13 NO CLASSES Parent Teacher Conferences |
| | Wed-Fri, 26-28 NO SCHOOL Thanksgiving vacation |
| DECEMBER | Tuesday, 16 Christmas Program |
| | Friday, 19 Last day before Christmas vacation (Full day) |
| | Dec22-Jan 2 Christmas vacation |
| JANUARY | Monday, 5 School Resumes |
| | Monday, 19 NO SCHOOL Martin Luther King Day |
| | Friday, 30 End of 2nd quarter (11:15 a.m. Dismissal) K-AM Only |
| FEBRUARY | Wednesday, 4 Report cards go home today |
| | Thursday, 5 Parent Conferences (11:15 a.m. Dismissal) K-PM Only |
| | Monday, 16 President's Day (Full day) |
| | Mon-Tues, 23-24 NO SCHOOL Winter Break |
| MARCH | Mon-Fri, 2-6 Book Fair |
| | Thursday, 5 Science Fair Open House |
| | Thurs-Fri, 19-20 NO SCHOOL Teacher In-service Days |
| APRIL | Friday, 3 End of 3rd quarter (11:15 a.m. Dismissal) K-AM Only |
| | Wednesday, 8 Report cards go home today |
| | Friday, 10 NO SCHOOL Good Friday |
| | Mon-Fri, 13-17 NO SCHOOL Easter Break |
| | Monday, 20 School Resumes |
| MAY | Monday, 25 NO SCHOOL Memorial Day |
| JUNE | Monday, 8 Eighth-grade graduation |
| | Tuesday, 9 Ice Cream Social |
| | Friday, 12 LAST DAY OF SCHOOL (11:15 a.m. Dismissal) K-PM Only |

아이 교육 뒤집기

해산, 회의를 마침
**dismissal**

**year book**
: 졸업 앨범 비슷하게 1년에 한 권씩 만들며 전 학년이 다 나온다. 초등학교에서는 부모들이 나서서 구성을 해주기도 하지만, 중학생 이상은 학생들이 직접 구성하기도 한다.

다시 시작하다
**resume**

## SCHOOL CALENDAR 보기

• **tardy bell** : 지각을 알리는 벨.

• **dismissal bell** : 하교를 알리는 벨.

• **1st Full Day of School Orientation** : 새 학기 첫날의 오리엔테이션. 학교에 필요한 서류를 제출하고 정보를 주고받는 시간.

• **Curriculum Night** : 각 반의 담임 교사가 학부모에게 1년간의 반 계획과 수업 방향을 설명하는 시간.

• **School Pictures** : 학년 말(6월)에 나올 Picture Book / Year Book에 들어갈 사진을 찍는 날.

• **MEAP Test** : 각 주에서 실시하는 학력 평가 시험. Meap Test는 Michigan 주에서 실시하는 시험의 이름이다. 주마다 부르는 명칭이 모두 다르다.

• **Halloween Carnival** : 10월 31일 할러윈 데이에 열리는 어린이 축제.

• **End of 1st quarter** : 1년을 4분기(quarter)로 나눌 때 첫 분기의 마지막 날.

• **Report Cards** : 성적표 나오는 날. 아이를 통해 봉인된 봉투에 넣어서 보내기도 하고 우편으로 보내기도 한다.

• **NO CLASSES. Parent－Teacher Conferences** : 집으로 보내진 성적표를 검토한 뒤에 학부모와 교사 간의 면담이 있는 날. 이날은 수업이 없거나 단축 수업을 한다.

• **NO SCHOOL Thanksgiving vacation** : 추수감사절 방학.

• **School Resumes** : 개학하는 날.

• **Martin Luther King Day** : 마틴 루터 킹 목사의 탄생을 기념하는 날. 1월 셋째 주 월요일.

• **K-Am(Pm) Only** : 킨더가튼. 오전(오후)반만 수업.

• **Winter Break** : 미국의 학교는 겨울 방학이 이틀에서 길어야 2주일이다.

• **Book Fair** : 책 박람회.

- Science Fair : 과학 박람회.
- Good Friday : 성금요일. 이날은 쉬는 학교가 많다.
- Easter Break : 부활절 방학 또는 봄방학(spring break)이라고 한다. 보통 부활절을 전후로 1주일 정도 방학을 한다.
- Memorial Day : 미국의 현충일. 5월 마지막 월요일.
- Graduation : 졸업식.
- Ice Cream Social : 학년 말에 열리는 아이스크림 파티. 전교생이 모여서 아이스크림을 먹으며 게임을 즐기는 축제의 날. 한국에서의 대학교 축제와 같다고 보면 된다.
- LAST DAY OF SCHOOL : 학년을 마치는 날. 이날부터 약 3개월간의 긴 여름 방학이 시작된다.

*Tip* 다문화, 다종교, 다인종이 모여 살긴 하지만, 그래도 미국은 기본적으로 기독교 사상이 뿌리박힌 나라이다. 따라서 성금요일과 부활절을 비교적 잘 지킨다. 하지만 타 종교가 밀집되어 있는 지역, 예컨대 유대인이 많이 모여 있는 사립학교의 경우에는 유대인 명절이 많은 달에는 예상치 않은 방학을 할 수도 있으므로, annual calendar를 미리 잘 살펴보는 게 좋다.

Mrs. Smith
Hello Mrs. Jung, how are you doing?
안녕하세요, 미세스 정.

Soojin
I am fine, thank you. How are you?
고맙습니다. 선생님도 안녕하세요?

Mrs. Smith
Kitae is doing very well in class. He is a very bright student and picks up on things very well.
기태는 아주 잘하고 있어요. 매우 똑똑하고 잘 받아들이고 있어요.

Soojin
Has he made any friends yet?
친구는 좀 사귀고 있나요?

Mrs. Smith
Yes, he has made a lot of friends. There isn't anyone in the class that he is having trouble with. He is doing exceptionally well for an ESL student.
벌써 많은 친구를 사귀었어요. 기태와 문제를 일으킨 아이는 하나도 없어요. ESL 학생으로서 매우 잘하고 있어요.

Soojin
How is his English?
영어는 어때요?

Mrs. Smith
He has improved a lot from the first day of school, and he is learning to speak fluently.
첫날부터 영어가 늘고 있고 유창해지고 있어요.

Soojin
What does he need to do to improve?
노력해야 할 점이 있나요?

**Mrs. Smith**  Nothing special. He is doing well.

특별한 건 없어요. 잘하고 있어요.

**Soojin**  Does he need any more supplies?

(학급에) 필요한 물품이 있나요?

**Mrs. Smith**  We need more Kleenex, and he will receive extra credit for bringing a box to class.

교실에 크리넥스가 더 필요한데, 가져오면 별도의 점수를 받을 거예요.

**Soojin**  Is there anything else I should know?

또 제가 알아야 할 것이 있나요?

**Mrs. Smith**  Yes, there is. There is a field trip this coming Monday, and I was wondering if you could be a chaperone.

네. 돌아오는 월요일에 현장 학습을 가는데, 동반해주실 수 있을까요?

**Soojin**  I will think about it and tell you tomorrow.

생각해보고 내일 알려드릴게요.

**Mrs. Smith**  We would really appreciate it. Thank you for coming.

그러면 정말 고맙겠어요. (면담에) 참석해주셔서 감사합니다.

**Soojin**  Thank you.

감사합니다.

---

※ 초등학교의 경우 교실에 필요한 물품(연필이나 크레용까지)이 대부분 비치되어 있다. 선생님이 이를 준비하는데, 부족한 물품을 부모에게 보내달라고 하기도 한다. 특히 소모품인 풀, 크리넥스, 물티슈 등은 항상 부족하다. 학기 초에 교실에서 아이들이 함께 쓸 필요한 물품 리스트가 오기도 하는데, 이때 몇 가지 챙겨서 보내면 많은 도움이 된다. / 보호자, 동반자 **chepherone**

## Yellow Envelop

개학 첫날 아이의 가방에 두툼한 봉투가 들어 있다. 이는 잘 읽어보고, 부모가 혹은 부모와 아이

가 서명을 해서 정해진 날짜 안에 다시 보내야 하는 서류들이다. 개학하고 첫 1~2주는 학교에서

보내는 서류가 많으니 주의를 기울인다. 대략 다음과 같은 서류들이다.

- 비상 연락 카드(emergency information card)
- 훼손 도서에 대한 변상 동의서
- 특별한 질병이 있는 경우 치료와 관련한 정보의 제공
- 폭력 및 무기와 유사한 품목 소지에 대한 처분 동의서
- 학교 내 인터넷 사용에 관한 동의서
- 학생의 주치의 및 의료보험에 대한 정보
- 학교 내에서의 복장에 대한 지침(dress code)
- 초상권 관련 동의서
- 학교 행사 참여 또는 포기 확인서
- 각종 자원 봉사 지원서

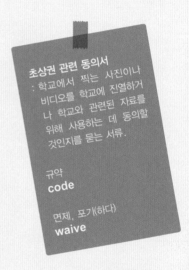

초상권 관련 동의서
: 학교에서 찍는 사진이나
비디오를 학교에 진열하거
나 학교와 관련된 자료를
위해 사용하는 데 동의할
것인지를 묻는 서류.

규약
**code**

면제, 포기(하다)
**waive**

## 미국에도 촌지가 있을까?

14년을 사는 동안 촌지 때문에 걱정하는 소리를 아직 한 번도 들어본 적이 없다. 다만 크리스마

스나 학년 말에 감사의 표시로 적당한 선물을 하는 것은 예의라고 할 수 있다.

# 스승의 날 Teacher's Appreciation Week

보통은 5월에 1주일에 걸쳐 선생님 및 학교에 근무하는 직원들에게 감사를 표하는 주간을 마련한다. 학생들 개개인이 꽃이나 간단한 선물을 하기도 하고, room parent가 나서서 각자 원하는 만큼 기부한 돈을 함께 모아(chip-in) 선물하거나, PTA 주관 아래 선생님들에게 점심을 대접하는 등의 작은 감사 표시를 한다(이때 부모들이 potlock으로 음식을 가져오거나 서빙 등을 담당하기도 한다).

스승의 날에 보내는 감사 카드

Dear Mrs. Hale,
Thank you so much for the effort
you put into teaching Kitae.
I really appreciate it.
With gratitude,
Soojin, Kitae's mother

---

반 대표 학부형
**room parent,**
**room mother**
: 같은 반 학생의 부모 중 한 사람이 반 대표가 되어 교실에서 이루어지는 각종 행사에 도움을 주거나 행사를 주관하기도 한다.

부대표 학부형
**assistant room parent**

학부모회
**PTA**
: Parents Teacher Association

---

# 그래도 학교에 기부금을 낸다던데

이곳에 와서 참 다르구나, 느낀 점은 어디 가나 활성화되어 있는 기부 문화이다. 학교에서도, 스포츠 센터에서도, 콩쿠르 대회에서도 어디 가나 볼 수 있는 것이 누가 기부을 해서 이 행사가 치러졌는가이다. 그러한 알림을 통해서 2차 도네이션을 유도하는 것도 매우 자연스럽게 이루어진다. 또한 학교의 학부모회(PTA)에서 보낸 편지 중에는 기부금을 내달라는 내용이 심심찮게 들어 있다.

　　　　대부분의 학부모들이 편지를 받아 들고 제일 먼저 드는 생각이 '대체 얼마를 내야 하는 가?'일 것이다. 한국과 달리 기부 문화에 익숙한 미국인들은 적은 돈일지라도 부끄러워하지 않고 선뜻 내놓는다. 얼마를 내는 것이 창피하지도 않고 적절한 품위도 유지할 수 있는가를 고민하다 결국 시기를 놓치고 만 것은 비단 나 혼자만의 경험일까? 기부금을 요청하는 편지를 받으면 좀 더 당당해져도 좋을 듯싶다. 도움을 주고 싶은지 아닌지를 결정하고 내가 낼 수 있는 한도의 금액을 내면서 기쁜 마음을 갖는 것. 그것이 기부 문화가 주는 아름다운 선 물이다.

기부
**donation**

자원 봉사하다,
자원 봉사자
**volunteer**

서명하다
**sign up**
: 허용한다는 내용을 담을 때나 신청한다는 뜻으로 쓴다.

# 학부모 지원 봉사

학년 첫날 학교에서 온 두툼한 서류 봉투 안에 반드시 들어 있는 것 이 바로 자원 봉사 지원서이다. 학교에서 행해지는 갖가지 일들에 모든 학부모의 참여를 유도하는 제도이다. 학교는 부모로부터 앞으로 1년간 각자가 할 수 있는 자원 봉사의 내용을 미리 신청받는다.

　　　　낯선 곳에 처음 와서 아이들의 학교 적응 상태를 알아보고 싶다면 교실 안에서 할 수 있는 자원 봉사 일을 찾아보는 건 어떨까? 1주일 또는 2주일에 한 번씩, 그것도 아니라면 한 학 기에 한 번 정도 가면 되는 자원 봉사도 얼마든지 있다. 영어가 필요 없는 자원 봉사도 많거니와 나아가서는 도움의 손길이 절대적으로 필요한 선생님들에게 영어를 배우는 좋은 기회가 될 수도 있다.

　　　　특히 초등학교 저학년의 경우 부모의 도움이 많이 필요하다.

수업 이외의 많은 일들을 학부모의 도움을 받아 진행한다. 예를 들면 다음과 같다.

- 집으로 보내는 안내문이나 과제물을 봉투에 넣어 분류하기
- 각종 행사의 파티 계획 및 지원
- 도서관 책 분류하기
- 학교 박람회 행사 지원
- 외부 현장 학습 시의 차량 지원
- 점심시간에 선생님 대신 아이들을 지켜보는 일
- 새봄 학교 마당에 꽃 심기

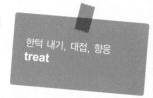

## 아이의 생일에는 어떻게 해야 할까?

### 1) 학교에 생일 간식 보내기

초등학교에 다니는 아이의 경우, 생일날에는 반 전체 아이들이
다 먹을 수 있는 양의 트릿(treat)을 보내곤 한다. 보통 컵케이
크나 쿠키가 주류를 이루는데, 학교에 따라서는 생일날 보내
는 treat의 종류를 정해주는 학교도 있으므로 사전에 선생님

> 한턱 내기, 대접, 향응
> **treat**

에게 문의하는 게 좋다. 특히 앨러지 반응이 있는 아이들에 대한 주의가 절실하다.

　　　생일날은 아이에게 1년에 한 번 있는 자기만의 날이다. 반 친구들이 자기를 위해
생일 노래를 불러주고 관심을 가져주며 엄마가 보내온 컵케이크를 으스대며 반 아이들에게
나눠주는 날. 그러므로 아이를 행복하게 만들어줄 수 있는 좋은 기회를 잘 활용해보자.

### 2) 프레젠테이션

선생님에 따라서 생일날 자기소개를 하도록 시간을 주는 경우도 있다. 이때 간단한 자기소개와 더불어 부모 또는 아이 본인이 한국에 대한 프레젠테이션을 잠깐 해주는 것도 아이를 위해 좋은 방법이다.

발표
presention

어린아이들은 한국에 대한 지식이 전혀 없는 경우가 많으므로 이런 기회에 한국에 대해 알려주고 친숙함을 갖게 하는 것은 여러모로 쓸모가 있다. 반 아이들에게 한국에 대한 좋은 이미지의 정보를 심어줌으로써 피부색과 생김새가 다른 한국 아이에 대한 이질감을 줄이는 효과를 볼 수도 있다.

## 한국 이름과 영어 이름

아이들이 학교에서 가장 많이 받는 놀림거리 중 하나는 이름에 관한 것이다. 또 흔한 영어 이름이 아닌 한국 이름을 쓰는 경우에 아이들이 느끼는 불편함은 어쩌면 당연한 건지 모르겠다. 그런 상황을 모를 리 없음에도 불구하고 아이에게 한국 이름을 지켜주고자 하는 부모들이 생각보다 꽤 많다. 그러나 이런 부모의 뜻을 알 리 없는 아이들은 친구들과 같은 느낌의 소리가 나는 영어 이름을 갖길 원한다.

가끔 이름을 쓰는 난 옆에 a.k.a라고 쓰여 있는데 이는 also known as, 즉 '또 이렇게도 불린다'라는 의미로 공식적인 이름 외에 다르게 불리는 별명을 써넣을 수 있다.

초등학교에서는 여권 서류와 다른 이름으로 불리는 것도 허용하기 때문에 아이들 스스로 이름을 만드는 경우도 있다. 그러나 아이의 공적인 서류에조차 영어 이름을 쓸 경우 자칫 아이의 초등학교 졸업 기록이 사라져버릴 수도 있다. 그러므로 공적인 시험이나 대회 출전 등 기록이 남는 서류에는 반드시 여권에 기록되어 있는 한국 이름을 스펠 그대로 표기해야 한다.

# 학교에서 아이들과 문제가 생겼을 때

문제에 연루된 당사자끼리 직접 해결하는 것은 피하는 게 좋다. 작은 일이든 큰 일이든, 교사나 학교 또는 다른 전문가의 도움을 통해 일을 해결하는 것이 바람직하다. 상대 아이의 주먹다짐에 더 세게 반격하면 문제아로 취급될 수도 있으니 억울한 일이 있을 때는 반드시 담임 교사의 도움을 받아야 한다는 것을 아이에게 주지시키도록 하자.

　　　이는 한국인의 눈으로 보면 고자질이라는 생각이 들겠지만, 모든 일을 변호사와 상의해서 해결하는 것이 일반화된 이곳에서는 자력 구제가 오히려 더 큰 문제를 초래할 수도 있다.

## 1) Code of Conduct

학교마다 규칙과 상황에 따른 처벌을 명시한 규약이 있어 모든 학생에게 이를 숙지시킨다. 이름을 가지고 친구를 놀리거나 거짓말을 하는 것 등은 비교적 가벼운 것에 속한다. 그러나 남을 구타하거나 도둑질, 학교에 마약 또는 무기나 위험한 물건을 가져오는 것, 교내에서 도박을 하는 것 등은 심각한 문제에 속한다.

---

(벌로) 방과 후에 학교에 남기
**detention**

정학
**suspension**

단기의 정학
**short-term suspension**

장기의 정학
**long-term suspension**

(학생 스스로) 자퇴하다
**leave school**

(학교의 결정으로) 퇴학시키다
**expell**

### 2) 처벌의 절차 및 방법

학교에서는 우선 학생과 이야기를 하고 그다음에 부모를 부른다. 학교에서 별도의 시간을 보내거나 쉬는 시간을 빼앗기거나 반성문을 쓰는 것은 가벼운 처벌에 속한다. 학교 행사에 참여하는 것을 금지하거나 단기 정학 등은 좀 더 무거운 처벌에 속한다. 장기 정학 처분이나 퇴학에 앞서 학교에서 청문회를 갖는데, 이 경우 많은 부모들이 법률가의 도움을 받는다.

## School Bus

스쿨버스는 공립학교에 등록된 주소지의 거의 모든 지역을 돌며 아이들을 실어 나른다. 학년이 시작되기 전에 시에서 스쿨버스가 정차하는 곳이 적힌 책자를 우편으로 받게 되는데, 집에서 가장 가까운 정류장이 어디인지를 확인해 등교 첫날부터 지각하는 일이 없도록 하자.

스쿨버스는 아이들을 태우고 내릴 때 양옆의 STOP이라고 쓰인 판을 날개처럼 펼친다. 이때 버스 뒤의 차량이나 건너편에서 마주 보고 오는 차량은 모두 STOP 사인에 따라 멈춰 서야 한다. 만약 이를 어기고 버스 옆을 지나칠 경우 스쿨버스 운전자가 차량 번호를 적어 신고하면 벌금을 물게 된다(◐ 155쪽 참조).

## Playdate

아이에게 친구를 만들어주는 가장 좋은 방법 중 하나는 반 아이들을 한 명씩 집으로 초대해서 같이 놀게 하는 것이다. 이때 초대할 아이의 부모에게 미리 전화를 걸어 같이 놀 시간과 장소를 정하고, 누가 데려오고 누가 데려갈 것인지와 아이에게 음식 앨러지는 없는지 등을 물어본다.

# Time Zones

새벽 동이 틀 무렵, 미시간과 시카고를 연결하는 94번 하이웨이를 달리던 영애 씨는 등뒤로 뭔지 모를 신비로운 기운을 느꼈다. 포근하고도 부드럽게 그리고 다사롭게 번져오는 따뜻함…. 무심코 고개를 돌려 바라본 그곳에서는 지평선 위로 해가 떠오르고 있었다.

정동진 바닷가나 설악의 산 사이에서 보던 해와는 사뭇 다른, 땅으로부터 솟아오르는 아침 해. 드넓게 펼쳐진 미국 중부의 평야 지대가 아니라면 저 붉은 아침 햇살이 이렇게 다사롭게 느껴지진 않을테지… 하는 생각을 하며 달려 나갔다.

그렇게 한참을 운전하던 영애 씨는 문득 시장기를 느끼고 exit를 빠져나가 맥도날드 햄버거 가게 앞에 차를 세웠다. 평소 그녀가 좋아하던 메뉴는 맥도날드의 브런치. 주문을 하는데 웬걸, 이미 10시 반이 지나고 있었다(아침 메뉴는 10시 반이면 끝난다). 역시 늦은 시간을 이유로 아침 메뉴는 주문이 안 되고 빈속에 햄버거는 너무 무거운데… 잠깐 망설이는 영애 씨. 그때 반짝! 좋은 생각이 떠올랐다.

여기서 10분만 더 가면 인디애나 주… 인디애나는 한 시간이 느리므로 도착해도 9시 50분경일 테고… 맥도날드를 찾는 데 10분을 쓴다고 해도 10시… haha….

그녀는 유유히 차를 돌려 시카고행 하이웨이를 다시 탔다.

'그래. 여기는 넓고 넓은 땅덩어리의 미국이니까.'

● 　　　　　어디가 아프면 덜컥 겁부터 나는 초기 미국 생활…. 타향살이를 하며 아프다 보면 서럽기에 앞서 걱정부터 된다. 아픈 증상을 어떻게 설명해야 할지, 예약은 언제나 될지, 병원에 가면 치료비는 얼마나 나올지….
그러나 영어가 안 된다고, 보험이 없다고 무조건 참을 수는 없지 않은가….
씩씩하게 전화기부터 들어보자. 우선 예약을 하고, 증세를 설명하자. 이때 어떤 말들을 해야 하는지 미리 알아보자.

전국적인 체인망을 가진 drug store

**07** healthcare

# 병원

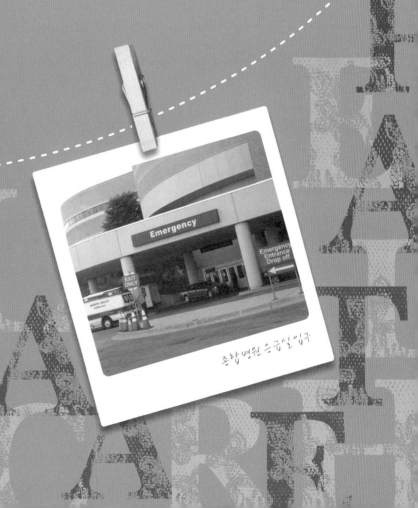

종합병원 응급실입구

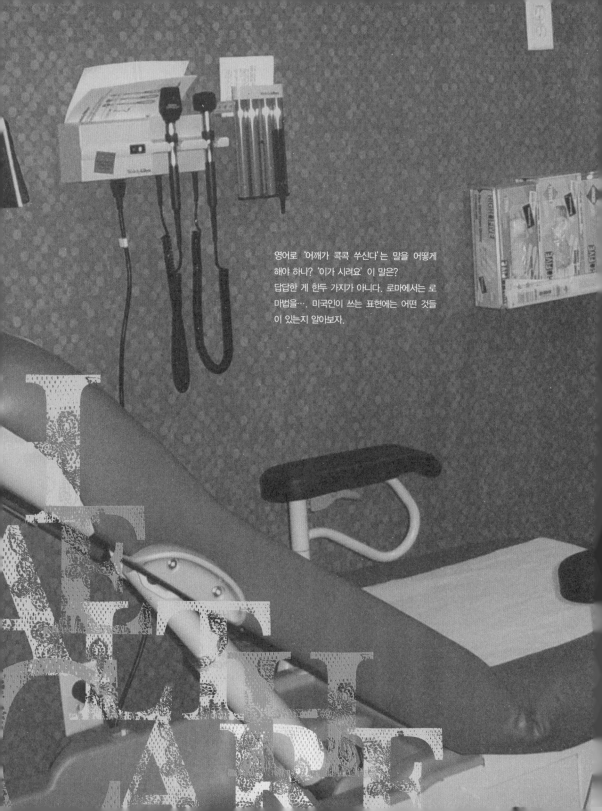

영어로 '어깨가 콕콕 쑤신다'는 말을 어떻게
해야 하나? '이가 시려요' 이 말은?
답답한 게 한두 가지가 아니다. 로마에서는 로
마법을…. 미국인이 쓰는 표현에는 어떤 것들
이 있는지 알아보자.

OI

# 병원 가기

● 영어로 '어깨가 콕콕 쑤신다'는 말을 어떻게 해야 하나? 머나먼 타국에서 몸이 아프면 서럽기에 앞서 걱정부터 된다. 증상을 어떻게 설명해야 할지, 예약은 언제나 될지, 병원에 가면 치료비는 얼마나 나올지…. 궁금한 게 한두 가지가 아니다.

## ∵ 한국과 다른 점

 Word

- 미국의 의료보험은 국민의료보험이 아니라 자동차 보험처럼 의료보험 회사들이 개인에게 보험 상품을 판매한다.
- 의사와 병원은 보험 회사와 일종의 비즈니스 계약을 맺고 있으므로, 의사를 찾기 전에 먼저 내 의료보험을 받는지부터 알아봐야 한다.
- 보험 회사가 개인의 보험 가입을 거부할 수도 있다.
- 응급실에서 치료비를 못 낸다고 응급 환자를 돌려보내는 일은 없다. 우선은 무조건 치료해준다.
- 의사를 만나기 위해 예약은 필수다(응급실 제외).
- 보험이 있어도 의료비는 한국에 비해 비싸다.
- 종합 병원의 각 진료과에 직접 가는 일은 별로 없다.
- 보험에 따라 반드시 주치의를 정해야 하는 경우가 있다.

의료, 건강 관리
**medical care,
health care**

치료, 진료
**medical treat-
ment,
medical examina-
tion**

의료보험
**health insurance,
medical insur-
ance**

의사, 간호사 등의 의료인
**healthcare
provider**

# :• 병원의 종류

현지인이 직접 전하는 미국 생활 INFO

**practice**
: 의술을 업으로 하다, 의사로 개업하다.

응급실
**ER**
: Emergency Room

① **응급의 정도별**

• emergency care : 응급실. 심각한 병이나 사고의 진료. 예약 없이 갈 수 있다.

• urgent care : 비응급 상황의 질병 치료. 예약 없이 갈 수 있다. 종합 병원에 함께 있기도 하고, 없는 종합 병원도 있다. 혹은 외부에 독립된 개업의와 같은 곳(walk-in clinic)도 있다.

> 예) clinic이 문을 닫은 시간이나 주말에, 당장 생명의 위험이 있는 상태는 아니지만 오늘 안으로 꼭 의사를 보고 싶을 때….

• doctor's office / clinic : 비응급 상황의 질병 치료로 예방 및 정기 진료. 개업 의원으로 일반적으로는 예약을 해야 한다.

② **기관, 규모별**

개업 의원, 개인 병원
**clinic, doctor's office**
: clinic은 종합 병원의 전문 진료과를 말하기도 한다.

• doctor's office / clinic(private practice) : 개인 전문 병원. 개업 의원 clinic의 의사들은 보통 연계된 인근 종합 병원이 있어서 환자가 입원을 해야 하든지 큰 병원에 가야 할 경우 그 종합 병원으로 보낸다.

• community medical clinic : 주, 시, 카운티 등 공공 기관에서 운영하는 크고 작은 진료소. county hospital, community health service 등의 다양한 이름으로 존재한다.

★ http://findahealthcenter.hrsa.gov/에서 해당 지역의 public health service 기관을 찾을 수 있다.

- general hospital ：종합 병원. 종합 병원 내의 진료과(hospital clinic)는 전문 과목을 진료하며, 환자가 직접 연락할 수 있지만 보통은 physician의 referral이 있어야 한다.

종합 병원
**general hospital,
acute hospital**

추천
**referral**

295

병원 가기

## ❖ 응급 전화 911 nine one one

집 전화로 통화했을 때는 자동 위치 추적 시스템이 작동하지만, 아파트 번호까지는 파악이 어려울 수도 있다. 휴대폰의 경우 위치를 잘 설명해야 한다. 통신사의 서비스를 받고 있지 않은(inactivated) 전화기로도 911 전화는 걸 수 있다.
구급차(ambulance)를 탈 경우 비용은 나중에 청구된다.

## ❖ 의료보험

미국의 의료보험은 앞에서도 언급했듯이, 개별 보험 회사의 보험을 사는 것이므로 종류도 많고, 보험 회사마다 세부 사항도 매우 다양하다.
대표적으로 HMO와 PPO라는 두 가지 형태의 보험이 있다.

종합 병원

## Word

**HMO**
Health Maintenance
Organization
: Point of Service라
고 한다.

주치의(PCP)
**Primary Care
Provider**
: 내과 의사(Internist),
소아과 의사(pediatri-
cian), 가정의학과 의사
(family doctor) 등.

**in-network**
: 나의 보험 회사와 계약
을 맺고 있는 의사나
병원.

**out-of-network**
: 보험 회사와 계약을 맺
고 있지 않은 의사나
병원.

**PPO**
Preferred Provider
Organization,
Preferred Provider
Option

추천하다
**refer**
: 진찰 후 다른 의사나 병
원으로 환자를 보낸다.

### ❶ HMO(Health Maintenance Organization)

- 우선은 지정된 주치의에게 간다. 주치의가 필요한 다른 전문의에게 보낸다(refer). 즉, 눈이 아파도 우선은 내 주치의에게 가야 하고, 주치의가 안과를 referral해줘야 안과에 갈 수 있다.

- **in-network** : 보통은 각 보험 회사에 가입된 의사나 병원의 범위 내에서 refer를 하는데, 특별한 경우 out-of network에서 의사나 병원을 찾게 되면 보험 회사의 허락을 받아야 하고, 본인 부담액이 더 많을 수도 있다.

- **copay** : 의사를 보러 갈 때마다 doctor's office visit fee라고 할 수 있는 정해진 액수의 copay를 낸다. 전문의, 응급실 등 진료 종류에 따라 copay 금액이 정해져 있다.

- copay 및 치료비 중 피보험자가 내야 하는 몫은 보험 회사마다, 치료의 종류마다 다르다.

- 우선 주치의에게 먼저 가야 하므로 불편하고 공연히 시간을 허비할 수도 있다.

- 주치의에게 가는 것이 전문의(specialist)에게 가는 것보다 대부분 싸다. 또 주치의 선에서 해결되는 문제가 많으니, 결과적으로 병원비의 본인 부담 몫이 적을 수도 있다.

- 지역이 생소하거나 전문의를 잘 모를 때는 주치의가 초진 후에 referral을 해주니 정확하고 편리하기도 하다.

### ❷ PPO(Preferred Provider Option)

- 주치의를 정할 필요 없이 본인이 전문 진료 의사를 직접 찾아간다(한국과 같이). 진료과를 확실히 알 수 있을 때는 편리하지만 애매할 경우는 곤란하다.

- in-network에서 진료받을 때와 out-of-network에서 진료받을 때

는 보험 지급액이 다르다.
- 환자가 deductible 액수까지는 진료비를 내고 그 이후는 보험 회사가 정한 일정한 금액을 진료비로 낸다.
- deductible을 얼마로 정하느냐에 따라 월 보험료가 많이 달라진다.
- individual maximum : 1년에 한 개인에게 지급하는 보험료가 있어서 이 금액을 넘길 경우 그 이후의 치료비에 대해서는 보험 회사가 100% 내준다.

## 보험 가입 시 주의할 사항

- 건강 상태, 가족 수, 가족 계획 등에 따라 HMO가 더 유리할 수도 있고, PPO가 더 유리할 수도 있다.
- 학교나 직장에서 단체로 의료보험을 제공할 때는 가입 절차가 비교적 간단하고 의료보험 회사에서 거부하는 일이 별로 없다.
- 개인적으로 의료보험을 들 경우 나이, 병력에 따라 월 보험료(premium)가 달라지고, 큰 질병이 있을 경우(pre-existing condition) 보험 회사가 보험 가입을 거부할 수도 있다.
- HMO를 택하든 PPO를 택하든, 정기 건강 검진(routine preventive care), 예방 접종(immunization), 소아 건강 관리(well-baby care), 응급실, 처방약에 관한 보험 적용 범위를 잘 알아본다.
- 임신 및 출산 비용을 포함하지 않는 보험도 있으므로 계획이 있다면 보험을 들 때 알아본다(특히 학생 보험에는 이를 포함하지 않는 것이 많다).
- 치과, 검안과, 정신과 등등 일반 의료보험에 포함되지 않는 것들이 많으므로 이를 위해서는 추가 보험료를 내고 들어야 한다.

처방전 없이 살 수 있는 약
**OTC**
: Over-The-Counter drugs

임신
**pregnancy**

출산
**childbirth, delivery, parturition**

병
**disease, sickness, illness, medical conditions**

진단
**diagnosis**

진단하다
**diagnose, examine, assess**

※ 영어에서 단순 현재형은 주로 습관을 표현하기 때문에 I suffer from…이라고 하면 매일 두통을 앓는다는 표현이 된다. 현재 두통이 있다고 표현하기 위해서는 진행형으로 바꾸거나 I am suffering from a headache, 아니면 I have a headache가 더 정확하다.

## 의사 PCP 찾기

낯선 곳에 와서 좋은 의사를 찾기가 쉬운 일은 아니지만, 몇 가지 원칙을 가지고 알아본다.

• 내 보험을 받는 의사를 선택한다. 보험 회사에서 리스트를 제공한다.
• 주위 사람에게 물어본다. 구체적으로 이유를 묻는다.
• 특별한 전문의가 아니라면, 너무 붐비는 병원이나 의사는 피한다. 환자가 너무 많으면 예약도 늦어지고, 차근차근 들어주지도 않는다.
• 꼼꼼히 설명을 잘해주고 환자를 이해하는 의사가 좋다.
• 여러 의사들이 모여서 함께 운영하는 clinic은 꼭 내 주치의가 아니라도 당장 다른 의사의 진찰을 받을 수 있고, 장비 등이 다양해 검사하러 여기저기 가지 않아도 되는 등 편리한 점이 있다.
• 너무 멀지 않은 곳이 좋다.
• 이미 보는 환자가 많아 새로운 환자를 안 받는 의사들도 있다. 미리 전화를 걸어 새 환자를 받는지 알아본다.

## 신체 부위별 병명 및 증세

• 병이나 증상을 말할 때, 보편적으로 suffer from이나 have를 쓴다.

I am suffering from a headache.
I have a headache.

## 진료과와 의사

가정의학과 **family practice**
- 가정의학과 의사 **family doctor**

내과 **internal medicine**
- 내과 의사 **internist**

내분비과 **endocrinology**
- 내분비과 의사 **endocrinologist**

마취과 **anesthesiology**
- 마취과 의사 **anesthesiologist**

방사선과 **radiology**
- 방사선과 의사 **radiologist**

병리학 **pathology**
- 병리학 의사 **pathologist**

비뇨기과 **urology**
- 비뇨기과 의사 **urologist**

산과 **obstetrics**
- 산과 의사 **obstetrician**

부인과 **gynecology**
- 부인과 의사 **gynecologist**

  : 산부인과를 간단히 OBGYN,
    산부인과 의사는 OB doctor라고도 한다.

성형외과 **plastic surgery**, **restorative surgery**
미용성형 **cosmetic surgery**
- 성형외과 의사 **plastic surgeon**

소아과 **pediatrics**
- 소아과 의사 **pediatrician**

신경과 **neurology**
- 신경과 의사 **neurologist**

신장과 **nephrology**
- 신장과 의사 **nephrologist**

심장내과 **cardiology**
- 심장내과 의사 **cardiologist**

안과 **ophthalmology**
- 안과 의사 **ophthalmologist**

  : 간단히 eye doctor라고도 한다.

검안과 **optometry**
- 검안의 **optometrist**

  : 시력 검사는 검안의가 한다.

외과 **surgery**
- 외과 의사 **surgeon**

이비인후과 **ENT(Ear Nose Throat)**
- 이비인후과 의사 **ENT doctor**

임상심리학 **(clinical) psychology**
- 심리학자 **psychologist**

정신과 **psychiatry**
- 정신과 의사 **psychiatrist**

정형외과 **orthopedics**
- 정형외과 의사 **orthopedist, orthopedic surgeon**

치과 **dentistry**
- 치과 의사 **dentist**

치과교정학 **orthodontics**
치과 병원 **dental office, dental clinic, dentist's**

피부과 **dermatology**
- 피부과 의사 **dermatologist**

호흡기내과 **pulmonology**
- 호흡기내과 의사 **pulmonologist**

발전문과 **podiatry,**
- 발전문의 **podiatrist**

척추신경과 **chiropractic service**
- 척추신경 치료사 **chiropractor**

## 증상을 설명하는 몇 가지 명사, 형용사

| | | | |
|---|---|---|---|
| **sore** | ◎ 쑤시는, 아픈, 피부가 벗겨져 쓰리고 아픈 | **stiff** | ◎ 뻣뻣한, 뻐근한 |
| **ache** | ◎ 쑤시고 아프지만 피부가 벗겨지지 않은 근육통과 유사한 통증 | **swelling** | ◎ 부품, 부음(swollen 부푼, 부은) |
| | | **twitch** | ◎ 경련을 일으키다 |
| **tender** | ◎ 부어 올라서 만지면 아픈 | **tremor** | ◎ (손) 떨림 |
| **poky** | ◎ 찌르듯이 아픈 | | 예) I felt a tremor in my arm. |
| **pinpointing** | ◎ 바늘로 콕콕 찌르는 듯한(I feel pins and needles라는 표현도 사용함. 특히 쥐가 오를 때) | **spasm** | ◎ 갑자기 근육이 조임 |
| | | **heal** | ◎ (상처 등을) 고치다, 낫게 하다, 상처를 치료하다, 상처가 치료되다 |
| **sharp pain** | ◎ 심한 통증 | | 예) My wound is healing. |
| **burning** | ◎ 타는 듯한, 후끈거리는 | **go away** | ◎ 증세가 사라지다 |
| **dizzy/drowsy** | ◎ 어지러운(light-headed) | | 예) The symptoms/pain/burning/itching is going away. |
| **itchy** | ◎ 가려운(모기에 물려 가려울 때는 동사 'scratch'를 사용한다) | | |
| **ticklish** | ◎ 간지러운(간지럼을 태울 때는 'tickle'이라는 동사를 사용한다) | | |
| **confused** | ◎ 혼란스러운, 헷갈리는 | | |
| **chilly** | ◎ 추운, 차가운, 오한이 나는 (chill 오한, 한기) | | |

## 진료, 치료 이름

청진기 ◎ **stethoscope**

청진기로 진찰하다 ◎ **exam with a stethoscope**

압설자 ◎ **tongue depressor**

촉진 ◎ **palpation**

내시경 ◎ **endoscope**

내시경 검사 ◎ **endoscopy**

심폐소생술 ◎ **CPR**(Cardiopulmonary Resuscitation)

예방 접종 ◎ **immunization, vaccination**

주사 ◎ **injection, shot**(접종)

링거 주사(전해질 약제) ◎ **IV**('아이브이'로 읽는다. Intravenous)

시력 검사 ◎ **vision test, eye exam**

깁스 ◎ **cast**

입원 ◎ **hospitalization**

입원하다 ◎ **be hospitalized**

| 머리 | |
|---|---|
| **신체 부위별 이름** | 머리 head / 뇌 brain / 두개골 skull / 두피 scalp / 신경 nerve |
| **병명 및 증상**<br>(disease & symptom) | 두통 headache / 편두통 migraine / 뇌졸중 stroke / 뇌손상 brain damage /<br>뇌종양 brain tumor / 이 lice / 혹 bump(신체 내부에 있을 때는 tumor라고 함) |
| **증세 설명하기** | 머리가 아프다.<br><br>I have a headache/suffer from a migraine.<br><br>머리가 아플 때, 불이 깜박이는 것 같다.<br><br>When I have a headache, I feel like I see blinking lights.<br><br>열이 있다. 화씨 102도이다.<br><br>I have a fever. It's 102 degrees.<br><br>아침과 밤에만 열이 난다.<br><br>The fever is just in the morning and at night. |

| 눈 | |
|---|---|
| 신체 부위별 이름 | 눈 eye / 눈꺼풀 eye lid / 눈썹 eyebrow / 속눈썹 eyelashes / 동공 pupil / 각막 cornea / 눈물 tear / 눈물샘 tear duct / 눈곱 eye discharge |
| 병명 및 증상 (disease & symptom) | 결막염 pink eye, conjunctivitis / 다래끼 sty / 사시 crossed eyes, lazy eye / 흐릿한 blurry, blurred vision / 시력 eye sight, vision / 근시 nearsightedness / 난시 astigmatism / 원시 farsightedness |
| 증세 설명하기 | 왼쪽 눈에 다래끼가 났다.<br>   I have a sty in my left eye.<br>눈에 이물감이 있다.<br>   I feel like there is something in the eye.<br>눈에서 찐득하고 노란색의 뭔가가 나온다.<br>   Thick yellow stuff comes out of the eye.<br>눈썹 주위에 난 빨간 뾰루지가 아프다.<br>   There is a red, painful bump near the eyelashes.<br>눈에 멍이 들다.<br>   I have a black eye. |

| 코 | |
|---|---|
| 신체 부위별 이름 | 코 nose / 형용사는 nasal |
| 병명 및 증상 (disease & symptom) | 코피 nosebleed / 콧물 nasal mucus, discharge, runny nose / 코막힘 stuffed nose, congestion / 재채기 sneeze / 부비강염(축농증) sinusitis / 알러지성 비염 hay fever / 호흡기 질환 respiratory disease |

| | |
|---|---|
| 증세 설명하기 | 코가 막혔다. |
| |     I have a stuffed nose. |
| | 콧물/코피가 난다. |
| |     I have a runny nose/nosebleed. |
| | 코를 풀다. |
| |     I blow my nose. |

## 입, 치아

| | |
|---|---|
| 신체 부위별 이름 | 입 mouth / 입술 lips / 이 teeth(복수) / 송곳니 canine tooth / 어금니 molar / 잇몸 gum / 침 saliva / 형용사는 oral |
| 병명 및 증상<br>(disease & symptom) | 삼키다 swallow / 씹다 chew / 구강 궤양 canker sore / 구강 위생 oral hygiene / 치통 toothache / 충치 cavity, decayed tooth / 치열 교정 orthodontics |
| 증세 설명하기 | 치과에 가다. |
| |     I go to the dentist's. |
| | 충치가 생기다. |
| |     I got a cavity. I have a cavity. |
| | 충치를 치료하다. |
| |     I treat a cavity. |
| | 충치를 빼다. |
| |     I had a decayed tooth pulled out. / I had my tooth pulled out. / I had a tooth extraction. |

| 귀 | |
|---|---|
| 신체 부위별 이름 | 귀 ear / 귓구멍 ear canal / 귓바퀴 ear lobe / 고막 eardrum / 귀지 ear wax / 청각 hearing / 보청기 hearing aid |
| 병명 및 증상 (disease & symptom) | 귀염증 ear infection / 중이염 otitis media / 수인성 귀병 swimmer's ear / 이명 tinnitus |
| 증세 설명하기 | 귀지를 파다. I clean my ear. / I remove ear wax. 귀에 뭔가가 박혀서 뺄 수가 없다. There's something stuck in my ear that I can't take out. 입을 벌리고 닫을 때 딸각거리는 소리가 난다. I have a clicking sound when my mouth opens and closes. 귀의 염증이 심해 잘 들리지 않는다. The ear is infected very badly, I can't hear well. |

내과 환자 대기실

Internal Medicine

| 신체 부위별 이름 | 목 neck / 인후 throat, windpipe / 턱 jaw / 턱(아래턱 끝) chin / 편도선 tonsils / 기관지 bronchus / 갑상선 thyroid / 식도 esophagus |
| --- | --- |
| 병명 및 증상<br>(disease & symptom) | 딸국질 hiccups / 트림 burp / 기침 cough / 천식 asthma / 가래 sputum, phlegm / (먹다가 음식이 기도로 들어가서) 숨 막힘 choking / 숨이 참 gasping, shortness of breath / 질식 suffocation / 갑상선 기능항진증 hyperthyroidism / 갑상선 기능저하증 hypothyroidism / 기관지염 bronchitis / 후두염 croup |
| 증세 설명하기 | 목이 붓다.<br>　I have a sore/swollen throat.<br>편도선이 붓다.<br>　I get(have) swollen tonsils.<br>목이 잠기다.<br>　I can't talk. I lost my voice.<br>기침할 때 가래가 나온다.<br>　I cough up phlegm.<br>목이 뻣뻣하다.<br>　I have a stiff neck.<br>기침이 좋아지지 않고 2주 이상 간다.<br>　The cough lasts more than 2 weeks without getting better. |

| 어깨, 팔, 다리 | |
|---|---|
| 신체 부위별 이름 | 어깨 shoulder / 쇄골 collarbone / 팔 arm / 위팔 upper arm / 아래팔 forearm / 팔꿈치 elbow / 손목 wrist / 손등 back of the hand / 손바닥 palm(of the hand) / 손톱 nail / 손가락 finger / 엄지 thumb / 검지 forefinger, index finger / 중지 middle finger / 약지 ring finger / 새끼손가락 little finger, pinky / 다리 leg / 허벅다리 thigh / 대퇴골 thighbone / 종아리 calf / 무릎 knee / 발목 ankle / 발가락 toe / 발등 top of the foot / 발바닥 sole(of the foot) / 발톱 toe nail / 뼈 bone / 관절 joint / 근육 muscle / 힘줄 tendon / 신경 nerve / 혈관 blood vessel |
| 병명 및 증상 (disease & symptom) | 골절 fracture / 삠 sprain / 파열 rupture / 타박상 bruise / 붓다 swell / 얼얼하다 numb, feel numb / 경련, 근육이 뭉침 spasm / 쥐 cramp / 근육통 muscle pain, sore muscle / 관절염 arthritis |
| 증세 설명하기 | 다리가 부러지다. I have a broken leg.<br>뼈가 부러지다. The bone is broken.<br>발목을 삐다.<br>　I twisted my ankle/sprained my ankle.<br>어깨가 빠지다.<br>　I had my shoulder dislocated.<br>발바닥에 굳은살이 박이다.<br>　I have callus on my feet.<br>손가락이 삐어서 부었다.<br>　My little finger is swollen due to the sprain.<br>다리에 쥐가 나다.<br>　I have cramps in my leg. My leg is going to sleep. I feel pins and needles in my leg.<br>손가락에 감각이 없어 얼얼하다.<br>　I feel numb in my fingers.<br>허리를 삐끗하다.<br>　I have a strained back. |

## 가슴 / 혈관

**신체 부위별 이름**

가슴 chest / 폐 lungs / 심장 heart / 간 liver / 담낭, 쓸개 gallbladder / 췌장 pancreas / 동맥 artery / 정맥 vein / 갈비뼈, 늑골 rib / 심장 박동 heartbeat

**병명 및 증상**
(disease & symptom)

폐렴 pneumonia / 결핵 tuberculosis(TB) / 심장병 heart disease / 심장마비 heart attack / 동맥경화 arteriosclerosis / 고혈압 hypertension / 저혈압 hypotension / 백혈병 leukemia / 당뇨병 diabetics / 간염 hepatitis / 간경변 cirrhosis / 숨 쉬다 breathe / 숨을 들이쉬다 inhale, breathe in / 내쉬다 exhale, breathe out / 천식으로 숨을 씨근거리다 wheeze

**증세 설명하기**

숨이 차다.

I am short of breath. / I am gasping for breath. / I have trouble breathing.

가슴에 통증이 있다.

I have a chest pain.

(가래가 꽉 차서) 가슴이 답답하다.

I feel congested in my chest./
My chest feels congested.

가슴이 조이는 듯하다.

I feel tight in the chest.

갈비뼈에 금이 가다.

I have a hairline fracture of the rib/in my rib.

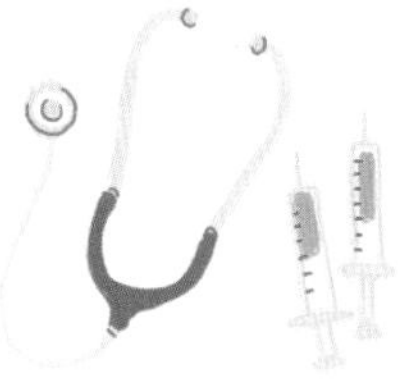

현지인이 직접 전하는 미국 생활 INFO

| 신체 부위별 이름 | 배 belly, stomach, tummy, abdomen / 식도 esophagus / 위 stomach / 장 bowel, intestines / 소장 small intestines / 대장 colon, large intestines / 신장 kidney / 방광 bladder / 맹장 appendix / 항문 rectum / 음경 penis / 고환 testicle / 전립선 prostate / 난소 ovary / 질 vagina / 자궁 uterus |
|---|---|
| 병명 및 증상<br>(disease & symptom) | 소변 urine, number one / 대변 stool, number two, bowel movement / 소화 digestion / 복통 abdominal pain, stomachache / 심한 복통 cramp / 위산 stomach acid / 소화불량 indigestion / 위산 역류 acid reflux / 위산 과다로 인한 속쓰림 heartburn / 궤양 ulcer / 탈장 hernia / 구토 vomiting, throwing up / 메스꺼움 nausea / 식중독 food poisoning / 탈수증 dehydration / 방광염 cystitis / 설사 diarrhea / 변비 constipation / 치질 hemorrhoid / 맹장염 appendicitis / 소변을 보다 urinate / 대변을 보다 have bowel movement |
| 증세 설명하기 | 소변/대변에 피가 섞여 나온다.<br>There's blood in the urine/stool.<br>이따금씩 배가 아프다.<br>I have an occasional stomachache.<br>일어설 때/기침할 때/변을 볼 때 아프다.<br>It hurts when I lift/cough/have bowel movement.<br>구토감이 일다.<br>I feel like vomiting/feel sick/feel nauseous.<br>속이 쓰리다.<br>I have heartburn/sore stomach. |

| 피부 | |
|---|---|
| 신체 부위별 이름 | 피부 skin / 모공 pores / 땀 sweat , perspiration / 땀샘 sweat gland |
| 병명 및 증상<br>(disease & symptom) | 여드름 acne / 뽀루지 pimple / 발진 rash / 땀띠 heat rash, prickly heat / 딱지 crust / 피지 sebum / 습진 eczema / 옴 scabies / 성홍열 scarlet fever / 두드러기 hives / 물집 blister / 고름 pus / 혹 bump / 멍 bruise / 찰과상 scratch, scrape / 창상 cut / 찔린 상처 puncture / 감염(상처가 곪음) infection / 염증 inflammation / 화상 burn / (아플 정도로) 햇빛에 탐 sunburn / 모기에 물림 mosquito bite / 수두 chicken pox / 피부염 dermatitis / 상처 scar / 큰 상처, 부상 wound / 가렵다 itch / 분비물이 스며나오다 ooze / 분비물이 나오다 discharge / 피부가 벗겨지다 peel, sore |
| 증세 설명하기 | 벌에 쏘이다.<br>    I am/have been stung by a bee.<br>모기에 물리다.<br>    I am/have been bitten by a mosquito.<br>사포같이 까슬까슬한 붉은색 발진이 있다.<br>    I have a red rash that feels like sandpaper.<br>발진 주위가 부었다.<br>    I have swelling around the rash.<br>반점의 모양과 크기, 위치가 바뀐다.<br>    Shape, size and location of the spots are changed.<br>멍든 데가 (만지면) 여전히 아프다.<br>    My bruise is still tender.<br>손가락에 가시가 박혔다.<br>    I have a splinter in my finger.<br>붕대로 감다.<br>    I put dressing on the wound. |

| | |
|---|---|
| 감기 | 감기 cold / 열 fever / 독감 flu / 독감 예방주사 flu shot / 감염, (공기) 전염 infection / 공기 전염의 airborne / (접촉성) 전염의 contagious / (유행성) 전염의 epidemic |
| | 감기에 걸리다 I catch a cold. / have a cold. / get a cold.<br>체온을 재다 I check the body temperature.<br>온몸이 쑤신다 I have a body ache. |
| 멀미 | 멀미 motion sickness / 차멀미 car sickness / 뱃멀미 sea sickness / 비행기 멀미 air sickness / 메스꺼움 nausea / 현기증 dizziness / 기절(하다) faint / 구토 vomiting / 나른함 drowsiness |
| | 나는 차멀미를 잘한다.<br>   I get carsick easily.<br>멀미약 때문에 졸린다.<br>   I feel drowsy because of the motion sickness medication. |
| 앨러지 | 앨러지 allergy / 앨러지를 일으키는 물질 allergen / 면역 체계 immune system |
| | 나는 꽃가루에 앨러지가 있다.<br>   I'm allergic to pollen. |
| 출혈 | 출혈 bleeding, hemorrhage / 응고 clotting, coagulate / 지혈 stopped bleeding / 상처를 꿰매다 stitch |
| | 상처에서 피가 쏟아져 나온다.<br>   Blood spurt from the wound.<br>10분 동안이나 상처를 누르고 있는데도 계속 피가 난다.<br>   The cut still bleeds a lot after putting pressure on it for 10 minutes.<br>베인 자리 주위의 피부가 벌어졌다.<br>   The skin on the edge of the cut hangs open. |

# ∙∙ 약, 약국, 가정상비약

## ❶ 약(Medicine)

- over-the-counter drug(OTC) : 처방전 없이 살 수 있는 약. 대부분의 약은 슈퍼에서 물건을 사듯이 사면 된다. OTC 중 몇 가지 약은 약사에게 달라고 해야만 살 수 있다(약 성분 때문에 한꺼번에 너무 많은 양을 사가지고 가는 것을 제한한다).

- prescription drug(RX) : 처방전이 있어야 구입할 수 있는 약. 약국에 가서 처방전을 내고 약을 타온다.

- **보험 카드를 꼭 가져간다** : 보험 카드에 처방약의 copay 액수 등이 나와 있다.

## ❷ 약국(Pharmacy)

- drug store : 작은 개인 약국도 있긴 하지만, 미국의 많은 약국은 거대한 체인점이다. Walgreens, Rite-Aid, CVS 등이 있는데, 작은 슈퍼마켓 크기는 된다.

  이들은 약뿐만 아니라 화장품, 식료품, 사진 현상, 생활 잡화 등을 취급한다. 물론 약사(pharmacist)가 있어서 처방전 약을 살 수 있고, OTC도 다른 곳에 비해 다양하게 구비되어 있다.

---

**Word**

약
**medication, medicine, drug**

1회분의 복용량
**dose, dosage**

내복약
**oral medicine**

외용약
**topical medicine**

알약
**pill, tablet, capsule**

물약
**liquid, syrup, suspension**

씹어 먹는 약
**chewables**

연고
**ointment, cream, gel, topical cream**

---

*Tip*

병원에서 직접 내가 자주 가는 약국(환자 및 보험 정보가 입력되어 있는)에 처방전을 보내주기도 하는데(전화, fax, email), 이 경우는 약국에 가서 기다릴 필요 없이 바로 pick up할 수 있다.

# 흔히 쓰는 약·약품 이름

- 진통제, 두통약 ◎ **pain killer, pain reliever** / 해열제 ◎ **fever reducer**

- 항생제 ◎ **antibiotics**(처방전 필요)

- 감기약 ◎ **cold medicine**

- 기침약 ◎ **cough medicine** / 충혈 완화제 ◎ **decongestant** / 거담제 ◎ **expectorant**

- 소화제 ◎ **digestive** / 제산제 ◎ **antacid**

- 변비 완화제 ◎ **laxative, stool softener** / 관장 ◎ **enema** / 좌약 ◎ **suppository**

- 지사제 ◎ **diarrhea remedy, anti-diarrheas**

- 앨러지 약 ◎ **sinus-allergy medicine**

- 멀미약 ◎ **motion sickness relief, Dramamine** ®

- 연고 ◎ **ointment / cream**

- 수면제 ◎ **sleep aid, sleeping pill, Unisom**®**(OTC)**

- 피임약 ◎ **birth-control pill, contraceptive, the pill**(처방전 필요)

- 여성용품 ◎ **feminine care products**

- 안약 ◎ **eye drop** / 안연고 **eye ointment**

- 소독약 ◎ **antiseptic** / 과산화수소수 ◎ **hydrogen peroxide**

- 붕대 ◎ **bandage, dressing** / 반창고 **bandage, tape,**

  ※ 일회용 반창고는 상품명을 그대로 써서 Band-aid®라고 말한다.

- 거즈 ◎ **gauze**

- 솜 ◎ **cotton, cotton ball** / 면봉 ◎ **Q-tip**®(상품명인데 이대로 많이 쓴다)

- 가습기 ◎ **humidifier** / 훈증기 ◎ **vaporizer**


멸균의 ◎ **sterile** / 소독된 ◎ **antiseptic** / (필터로) 거른 ◎ **filtered** / 정화된 ◎ **purified** / 건조
한 ◎ **dry** / 습기 찬 ◎ **humid** / 물기 있는 ◎ **moist** / 젖은 ◎ **wet** / 물이 뚝뚝 흐르는 ◎
**dripping**

drive-through가 있는 곳은 처방전 약을 차에서 내릴 필요 없이 기다렸다 사가지고 갈 수 있다.

영업시간이 길고 24시간 운영하는 곳도 있다.

• grocery market, discount store의 **약국** : 각종 슈퍼, Target, Walmart 등에 있는 약국이다. 다른 drug store들과 마찬가지인데, 영업시간이 drug store보다 짧은 편이다(가게 문 닫을 때 같이 닫거나 더 일찍 닫기도 한다). 약을 기다리면서 다른 것을 쇼핑할 수 있어서 편리하다.

❸ **가정상비약(First-Aid Kit, home pharmacy, medicine cabinet⋯)**

약국에서 구입할 때 도움이 되도록 몇 가지 대표적인 브랜드를 소개한다.

• **진통, 해열제** : Acetaminophen(Tylenol®), Ibuprofen(Advil®, Motrin®), Aleve®

• **앨러지 약**(antihistamines) : Benadryl®, Claritin®, Zyrtec®

• **감기약** : Tylenol Cold®, Advil®, Motrin®, Vicks Nyquil®, Theraflu®

약국의 OTC 코너

현지인이 직접 전하는 미국 생활 INFO

- **기침/해소약** : Robitussin®, Delsym®, Halls®, Mucinex®(거담제), Sudafed®

- **소화제** : Alka-Seltzer®, Maalox®, Mylanta®, Pepcid®, Prilosec®, Tums®, Zantac®

- **변비 완화제** : ex-lax®, FiberCon®, Metamucil®, Fleet®, Colace®, Dulcolax®

- **지사제** : Imodium®, Kaopectate®, Pepto-Bismol®

- **항생제 연고(OTC)** : Neosporin®, Bacitracin

- **소염제 크림** : BenGay®, Icy Hot®, Mentholetum®
  **소염제 파스(patch)** : Salon Pas®, ThermaCare®, Chillow®

- **반창고(bandage)** : Band-aid®

- **칼라마인 로션(calamine lotion)**, **Petrolatum Jelly(바셀린 크림)**

- **소독약(antiseptic spray/cream/solution)** : Betadine®

- **약솜(cotton)**, **거즈(gauze)**, **면봉(Q-tip)**, **물티슈(moist wipes)**, **알코올 솜(alcohol swab)**

- **얼음주머니(ice pack)**

- **체온계(thermometer)**

- **핀셋(tweezers)**

- **눈금 있는 스푼 / 컵(calibrated spoon/dropper/cup)**

*Tip*

한국 사람들이 흔히 쓰지만 미국 제품으로 구하기 어려운 정로환, 판피린, 활명수, 파스 등은 한국에서 가져와도 좋다. 하지만 대형 한국 마켓에서도 판매하니 무리할 필요는 없다.

**④ Feminine Care**

- **생리대(sanitary napkin, pad)** : Always®, Carefree®, Kotex®
- **탬폰(tampon)** : Kotex®, o.b.®, Playtex®, Tampax®

**⑤ Generic vs. Brand Name Drug**

- **generic drug** : 줄여서 genetics라고 하는데, 특허에 제한을 받지 않고 생산과 유통이 되고 있는 약이다. 주요 약리 작용을 하는 성분은 처음 개발된 것과 동일하다. 따라서 약의 효능 및 안전 등에 있어 brand name drug와 거의 같으나 더 저렴한 편이다. 일반적으로 약명을 그대로 쓴다.

  예) Acetaminophen, Ibuprofen

- **brand name drug** : 제약 회사가 상표 등록을 한 약. 일반 사람들에게 그 이름으로 잘 알려져 있다.

  예) Tylenol®은 대표적인 acetaminophen 성분의 진통제이다.

**⑥ 체온계(thermometer)**

미국은 체온계도 화씨를 쓴다. 의사나 간호사와 이야기할 때 화씨로 체온을 알려주는 편이 의사소통에 원활하니, 화씨 체온계를 하나 구비하는 것이 좋다.

온도 환산

| 섭씨 Celsius | 36 | 37 | 38 | 39 | 40 | 41 |
|---|---|---|---|---|---|---|
| 화씨 Fahrenheit | 96.8 | 98.6 | 100.4 | 102.2 | 104 | 105.8 |

화씨온도 = 9/5 × 섭씨온도 + 32

# 병원에서의 대화

### 진료 예약하기

- doctor's office/clinic은 예약을 해야 한다.
- 정기 검진은 시간이 오래 걸리므로 미리 예약을 해두어야 한다.
- 처음 찾는 병원에서는 신상 정보, 보험 정보 등을 물어보니 대비한다.
- 병원을 바꿀 경우 먼저 다니던 병원에서 새 병원으로 의무 기록을 옮기도록 허락하는 서류(consent to release)를 미리 작성해 보내달라고 한다. 대기실에서 작성해도 된다.
- 우선 간호사에게 증상을 설명하고 의사의 진료 여부를 결정하기도 한다.
- 한국 사람이 많이 사는 대도시의 큰 병원에는 한국어 통역을 받을수 있는 곳도 있다.

## I'm looking for a PCP/family doctor.
주치의를 찾고 있어요.

## My friend recommended Dr. Smith.
친구가 스미스 선생님을 추천했어요.

## Does he take new patients?
그 선생님이 새 환자를 받나요?

## I have Health Alliance insurance. Do you take my insurance?
헬스 얼라이언스 보험 회사의 보험을 가지고 있는데, 내 보험을 받나요?

## I'd like to make an appointment for my regular check-up.
정기 검진 예약을 하려고 하는데요.

## How long do I have to wait for an appointment?
예약 날짜 잡는 데 어느 정도 기다려야 하나요?

On what dates do you have an opening?

When do you have openings?

Do you have any openings on … day? this week? next week?
In the week of … ?
어느 날이 가능한가요?

What are your office hours?
진료 시간이 어떻게 되나요?

Do you see patients on weekends and at night?
주말이나 밤에도 진료를 하나요?

Can I discuss my problems to a doctor or a nurse over the
phone?
의사나 간호사에게 전화로 상의해도 되나요?

Is there someone else who works with my PCP that can help
me?
내 주치의와 함께 일하는 다른 사람이 있나요?

Can I make an appointment with someone else that is avail-
able today?
오늘 가능한 다른 의사와 진료 약속을 잡을 수 있을까요?

I'd like to talk to a nurse first and discuss whether I need to
see a doctor or not.
의사를 보러 가야 하는지 아닌지 간호사와 증상에 대해 먼저 얘기하고 싶어요.

I'm a native Korean. Do you have any translation service? Can I get a translator during my appointment?

나는 한국인인데 통역 서비스가 있나요? 진료 약속한 날 통역을 받을 수 있을까요?

## 대기실에서

★ 처음 찾는 병원일 때는 약속 시간보다 10~15분 정도 일찍 간다. 신상 정보, 보험 정보, 병력 정보와 서약서 등 작성해야 하는 서류가 많다. 특히 병력 정보 작성을 위해서는 영어로 된 병명을 꼭 알아가야 한다. 시간을 절약하려면, 미리 이 서류들을 집으로 보내달라고 해서 작성해 가도 된다.

Can you send your new patient packet in advance?

새 환자가 작성해야 하는 서류들을 미리 보내줄 수 있나요?

Do you bill my insurance company? Or do I have to pay you, then bill my insurance myself?

내 보험 회사로 청구해주나요? 아니면 지금 여기서 돈을 내고 내가 직접 보험 회사에 보험금을 청구해야 하나요?

How much do you charge for a well-baby care visit? For an office visit?

아기의 정기 검진은 얼마입니까? 진료실 방문은 얼마입니까?

Do you take credit cards?

크레디트 카드 받나요?

I am not done filling out these documents.

이 서류를 아직 다 작성하지 못했는데요.

There are several pieces of information that I don't have with me.

몇 가지 정보가 지금 없는데요.

## Can I fill it out next time I visit? Or over the phone?

다음에 왔을 때 마저 작성해도 되나요? 아니면 전화로 불러줘도 되나요?

## I'd like to make my next appointment now.

다음번 진료 예약을 지금 해두고 싶어요.


의사에게

★ 　　증세를 설명하는 것 말고 다른 여러 가지를 물어볼 때


## What is the best treatment for it?

이 문제에 최상의 치료는 무엇인가요?

## Will it cure the problem?

이 문제가 회복이 될까요?

## How long does it last?

얼마나 오래 지속되나요?

*Tip*　**Sample Personal Health History**

alcoholism 알코올중독 / allergy 앨러지 / arthritis 관절염 / asthma 천식 / blood diseases 혈액의 질병 / hemophilia 혈우병 / leukemia 백혈병 / cancer 암 / cataract 백내장 / cleft lip 언청이 / congenital heart failure 심부전증 / diabetes 당뇨병 / glaucoma 녹내장 / gallbladder disease 담낭 / headache 두통 / heart attack 심장마비 / high cholesterol 콜레스테롤 / hypertension(high blood pressure) 고혈압 / hepatitis 간염 / pneumonia 폐렴 / seizure, epilepsy 간질 / stomach ulcer 위궤양 / stroke 중풍 / STD(sexually transmitted disease) 성병 / thyroid 갑상선

## Is there another way to treat this problem?
이 문제에 다른 치료 방법은 없나요?

## What problems should I look for?
무슨 문제가 예상되나요?

## Can you give me any written information about this?
이것에 대해 서면 정보를 줄 수 있나요?

## Can I keep myself from getting this again?
앞으로 이 문제를 피할 수 있나요?

## Will you do any blood tests or X- rays? If so, when will I get it? What will they cost?
피검사나 엑스레이를 찍어야 하나요? 그렇다면 언제 가능하고 얼마나 듭니까?

## When will I get the results?
결과는 언제 나오나요?

## What is the brand name of the medicine?
그 약의 상표명은 무엇인가요?

## Is there any generic medicine? (보통 generic이 brand name보다 저렴하다)
generic 약으로는 없나요?

## Will the generic drug work in the same way as the brand name?
brand name 약과 genetic 약이 효능은 같나요?

## What does the medicine do? When will it start working?
그 약의 효능은 무엇인가요? 언제부터 작용하나요?

How should I take the medicine? When? / For how long? / How many days?

약을 어떻게 먹어야 하나요? 언제/얼마 동안/며칠간 먹어야 하나요?

Can I ask to refill this medicine over the phone?

전화로 약의 리필이 가능한가요?

What are the side effects of the medicine?

약의 부작용은 무엇인가요?

Which side effects should I call you about?

어떤 부작용이 있으면 (의사에게) 알려야 하나요?

Is there anything I should avoid while taking this medicine/treatment? Such as sun, some kind of food, other medicines, activities?

약을 복용하는 동안 피해야 하는 것이 있나요? 예를 들면 햇빛이나, 특정 음식, 다른 약, 신체 활동 등….

When do you want to see me again?

언제 다시 병원에 오나요?

Who sees your patients when you can't?

선생님과 예약이 안 되면 누가 환자를 보나요?

Which hospital(s) do you work out of?

어떤 종합 병원과 연결되어 있나요?

How long have you been practicing?

얼마나 오랫동안 진료를 하고 있나요?

Do you have any special training in… ?

~ 분야에서 특별한 교육을 받았나요?

현지인이 직접 전하는 미국 생활 INFO

## 의사 / 간호사가 흔히 묻는 질문

### What color is the mucus?
점액이 무슨 색인가요?

### What part of your head/stomach hurts?
머리/배의 어떤 부위가 아픈가요?

### How high it is? Is fever just at night and/or in the morning or all day?
(열이) 얼마나 높은가요? 열이 밤이나 아침에만 있나요, 아니면 하루 종일 있나요?

### How many days has your cough continued?
며칠 동안이나 기침을 하고 있나요?

### Is it a dry cough or a productive cough?
마른기침인가요, 아니면 가래가 있는 기침인가요?

※ 정기 검진 **regular check-up, physical annual, preventive care** / 의무 기록 **medical record** / 동의(하다) **consent** / 공개(하다) **release** / 주치의 **PCP**(Primary Care Provider) / 추천하다 **recommend** / 예약하다 **make an appointment, set up an appointment** / 미리 **in advance** / …전에 **prior to**… / 통역 **translation** / 통역사 **translator** / 대기실 **waiting room** / **well-baby care** 신생아 때부터 해야 하는 아이들의 정기 건강 검진과 예방 접종 / 용지에 기입하다 **fill in the form, fill out the form** / 혈액 채취 **blood work**

# Social Security Number

처음 미국에 와서 아파트를 빌리거나 차를 사거나 휴대폰을 살 때마다 이 번호 때문에 난관에 부 딪치게 된다. 과연 이 번호가 뭐기에? 글자 그대로 '사회 보장 번호'이다. 즉, 사회 보장 혜택을 받기 위한 번호인데 개인의 신분을 증명하는 것으로 쓰이기도 하지만, 정확히 말하면 한국의 주민 등록번호와는 의미가 조금 다르다.

사회 보장 혜택은 개인이 낸 세금으로 운영된다. 미국에서 합법적으로 일을 할 수 없어 소득세를 내지 않는 사람은 사회보장 혜택을 받을 수 없다. 즉, 사회 보장 혜택을 받을 수 없거나 받을 일이 없는 사람은 이 번호가 필요 없다. 물론 미국 시민은 이 혜택을 받을 권리가 있지만, 외국인의 경우,

- 미국에서 합법적으로 일할 수 있는 비자가 없는 외국인은 social number를 받지 못한다.
- 학교에서 일하는 사람은 필요한 서류를 제출하면 social number를 받을 수 있다.
- social number가 없어도 은행 업무, 학교의 지원, 건강 보험, 교육 관련 시험 응시, 주거 보조 의 혜택을 받을 수 있다.
- 운전면허를 딸 목적으로 social number를 신청할 수 없다(Social Security Office에서 이 번호 를 받지 못하는 사유서를 받아 면허국에 가져가면 된다).

## Social Security Card의 종류

- **이름과 social number만 적힌 카드** : 미국 시민이나 영주권 소지자에게 주는 카드.
- **이름과 social number와 'NOT VALID FOR EMPLOYMENT'가 적힌 카드** : 합법적 으로 일을 할 수는 없지만, 합법적인 혜택을 허락받은 사람에게 주는 카드.
- **이름과 social number와 'VALID FOR WORK ONLY WITH DHS AUTORIZATION' 이 적힌 카드** : DHS가 인정한 working permit/visa를 소지한 사람에게 주는 카드.

## Social Security Number & Card 신청

지역마다 Social Security Office가 있다. 온라인으로 신청서를 미리 출력해서 작성해 가면 준비해야 할 서류를 빠짐없이 챙길 수 있으므로 편리하다. 12세 이상으로 처음 신청하는 경우는 본인이 직접 Social Security Office에 가서 신청한다. 신청 시엔 U.S. Citizenship 또는 Immigration Status, 나이를 증명하는 서류, 신분증이 필요하다.

자세한 사항은 web site를 참조한다. www.ssa.gov

## Social Security Number 없이 생활할 때

대다수 미국인들은 외국인의 비자, 체류 신분 문제 등을 잘 모르기 때문에 모든 이에게 이 번호가 있는 줄 안다. 우리가 한국에서 일하는 해외 노동자의 비자, 신분 문제에 대해 모르는 것과 마찬가지다. 게다가 여기는 다양하게 생긴, 영어를 버벅거리는 미국 시민이 많기 때문에 겉모습만 보고는 외국인을 구분할 수 없다. 따라서 항상 자신이 직접 설명을 해야 한다. 위에서 말했듯이 Social Security Office에서 발행하는 Social Security Exemption Letter를 준비하는 것이 좋다. 주에서 발행하는 운전면허가 신분증이 되고, 운전면허 번호로 많은 일을 처리할 수 있다. social security number는 머릿속에 기억해두고, 카드는 가지고 다니지 말고 집에 잘 보관해두자.

※ 국토안보부 **DHS** (Department of Homeland Security)